见识城邦

更新知识地图　拓展认知边界

Comparing
Human
Societies

JARED
DIAMOND

为什么
有的国家富裕，
有的国家贫穷

比较人类社会

[美] 贾雷德·戴蒙德 著
栾奇 译

中信出版集团·北京

献给

玛利亚西尔维娅·乔拉 和 马迪·甘多尔福
(Mariasilvia Ciola)　　(Madi Gandolfo)

以表钦佩与感激

目录

前　言　　我的历程：从胆囊、鸟类，到人类　　　　　　　　　1

第一章　　为什么有的国家富裕，有的国家贫穷：
　　　　　地理的作用　　　　　　　　　　　　　　　　　15

第二章　　为什么有的国家富裕，有的国家贫穷：
　　　　　制度的作用　　　　　　　　　　　　　　　　　47

第三章　　中国　　　　　　　　　　　　　　　　　　　　77

第四章　　国家危机　　　　　　　　　　　　　　　　　　99

第五章　　风险评估：从传统人类那里能学到什么　　　　125

第六章　　饮食、生活方式和健康　　　　　　　　　　　143

第七章　　世界面临的主要问题　　　　　　　　　　　　177

延伸阅读　　　　　　　　　　　　　　　　　　　　　　205

前言

一

我的历程：
从胆囊、鸟类，到人类

我很同情那些可怜的社会科学家，那些人类学家、临床心理学家、经济学家、历史学家、人文地理学家、政治学家和社会学家。他们不懂得如何运用缜密的实验室对照实验来进行研究。在对照实验中，研究者可以对一个样品进行操纵（比如往试管中添加化学助剂），而让另一个相同的样品保持原样；随后，对二者进行对比，从而获得具有决定性意义的答案。

受操纵的对照实验是真科学的标志——至少，根据那些做这类实验的科学家们（比如化学家们和分子生物学家）的说法是如此。分子生物学家们将他们所做的这类实验视为"硬科学"（hard science）。他们蔑称社会科学领域的研究为"软科学"（soft science）。实验室科学家们声称，他们优越的科研方法使得他们通过实验成功地回答了他们所从事的领域中最精细的问题——包括非常重要的、具有挑战性的问题，诸如分解钼原子的超精细结构，或者识别 β-半乳糖苷酶的第137个氨基酸的作用。与此同时，那些社会科学家们甚至对为什么一些国家富裕而另一些国家贫穷这样显而易见的基本问题都不能给出有说服力的回答。假使这些社会科学家们采用缜密的对照实验方法，他们就会取得卓有成效的进展。

比方说，我们来考察一个意大利人会非常感兴趣的问题：为什么意大利南部长期以来比意大利北部贫穷？是由于地理的缘故吗？具体地说，是由于意大利北部的土壤更加肥沃，其地理位置更靠近德国和法国这些技术发达的欧洲国家吗？或者是由于社会制度的历史遗留问题——诸如意大利南部诺曼和波旁统治时期遗留的问题，黑手党（Mafia）、克莫拉（Camorro）、光荣会（'Ndrangheta）等秘密组织——在意大利南部造成的持续不断的有害影响吗？

关于意大利南北贫富差异这一问题，我提出以下这个不算过分的建议：让来自仙女座星系（Andromeda Nebula）的超凡来客拜访地球吧。这位不同凡响的客人在仙女座的几所大学里都接受过实验室对照实验这种缜密方法的训练。这位外星来客熟知意大利北方和南方之间的差异，会制定解决这一问题的实验方案。为了评估地理因素的重要性，外星来客每年都会从波河河谷（Po Valley）取来肥沃的冲击土壤，覆盖在西西里岛（Sicily）上，将西西里岛从意大利南部这个不幸的地方挪开，移到繁荣的意大利北部热那亚（Genoa）附近的海面上。为了评估社会制度方面的历史遗留问题的重要性，这位外星来客会利用时间机器来消除意大利南部诺曼和波旁政府的痕迹，让历史车轮重新滚动。然后，外星来客把意大利东南部（但不包括意大利西南部）所有黑手党嫌疑成员杀死，并向意大利东北部（而非西北部）的迁移10万黑手党成员，让他们携带足以使那里的贿赂和勒索活动司空见惯的资金和订单。意大利西北部作为未受到操纵的地区会成为受操纵的意大利东北部地区的参照；意大利西南部作为未受到操纵的地区会成为意大利东南部地区的参照,而意大利本土的南部地区可作为移位后的西西里岛的参照。40年以后,这位仙女座的科学家再次光临意大利,比较移位后的西西里岛与意大利本土南部地区之间的贫富差异,比较有意让黑手党泛滥的意大利东北部与因未受到操纵而没有黑手党的西北部之间的贫富差异,比较有意消除黑手党的意大利东南部与黑手党泛滥的意大利西南部这个参照区域之间的贫富差异。利用这种对比方式,这位来自仙女座的科学家一定会获得关于意大利南部和北部财富差异根源的强有力证据。

唉,遗憾的是,上述这个看上去不算过分的建议是不道德、不合法的,也是不切实际的。在社会科学领域,许多其他潜在的、具有决定性意义的实验同样是不道德、不合法、不切实际的。但我这么说是否意味着,我们在社会科学领域就必须放弃任何进步的希望呢?

当然不是。事实上，科学并非只能借助化学家和分子生物学家极力推崇的对照实验才能够取得进步。我们还可以借助其他方法，获得有关现实世界的可信知识。

在我 26 岁的时候，我懂得了以上的道理。那时，我开始将童年时代对鸟类进行观察的爱好发展成为严肃的鸟类学职业研究。在 21 岁到 25 岁之间，我攻读生理学实验室科学并获得了博士学位。我的生理学老师们教会我如何通过设计精巧的实验室实验来解决生理学问题。例如，被称作钾（potassium）的常见离子会影响与它同样常见并相近的钠（sodium）从胆囊中流出的数量吗？如果会，其影响的程度又如何？为了回答这一问题，我的老师教我将胆囊交替放入有钾和没有钾的溶液中，来测量钠从胆囊中流出的数量，计算钠在有钾与没有钾的溶液中流出胆囊的数量比。由此，我得出了精确的定量结论：有钾的溶液中的胆囊和没有钾的溶液中的胆囊相互构成参照；加上钾之后，钠流出胆囊的数量增加 30%。

随后，当我到新几内亚去研究鸟类的时候，我发现我会问自己完全相同的问题。例如，一种常见的新几内亚鸟类叫作西部白眼知更鸟（Western White-eyed Robin），它会影响它同样常见的近亲东部白眼知更鸟（Eastern White-eyed Robin）的数量吗？如果会，其影响的程度又如何？理论上讲，我可以很快解决这个问题。那就是，假设我把当地的西部白眼知更鸟全部弄死，然后观察东部白眼知更鸟在没有它们近亲西部白眼知更鸟的情况下——如果真的可以这样的话——增加的数量。唉，很遗憾的是，这个具有决定意义的实验是不道德的，是非法的，也是不切实际的，就如同来自仙女座的科学家想把西西里岛迁移，想杀死黑手党成员或者让他们搬家。为了回答我的鸟类学问题，我必须寻找其他的方法。

于是，我选择了自然实验（natural experiments）来替换实验室对照实验的方法。自然实验是社会科学广泛使用的方法；也就是说，我不是故意杀死所有的西部白眼知更鸟，而是对新几内亚岛上许多不同的山脉进行比较，其中的一些山脉有利于西部白眼知更鸟的生长，另一些则不然。我发现，东部白眼知更鸟在没有西部白眼知更鸟的山上的数量比在有西部白眼知更鸟山上的数量多出30%，这是由于在没有西部白眼知更鸟的山上，东部白眼知更鸟可以向上扩散到一定的海拔范围，而这一范围在有西部白眼知更鸟的山上是被西部白眼知更鸟占据的。当然，如同实验室里的对照实验方法一样，自然实验方法也有它的误区。还是拿白眼知更鸟做例子，我们现在只能说这两种鸟类的数量是相关的；但如果想得出东部白眼知更鸟数量的自然减少就是由于西部白眼知更鸟的增多这一结论，我们还要考虑更多的因素，做更多的观察研究。

除了回答新几内亚岛上白眼知更鸟的数量问题之外，自然实验方法在社会科学领域被广泛使用。有些时候，历史为我们提供了非常纯粹的自然实验的例子，几乎跟一个胆囊在有钾和没有钾的溶液中产生不同的反应一样。例如，一个从前统一的国家被从地理上分为完全独立的两个部分，并各自形成各不同的政府和机构。这类例子中就包括在1945年还是统一国家的德国分裂为东德和西德。从1945年至1990年，这两个国家各不相同的政府和制度对经济产生了迥异的刺激效果，因而东德和西德之间的财富状况也差异巨大。1989年，这个历史上的自然实验随着柏林墙的倒塌戛然而止。尽管德国这个例子只是比较了两个实体，但是得出的结论却是明确的。我们知道，在1945年之前，东德和西德在其政府、制度以及其他方面都是一体的；而到了1990年，它们之间已经出现了巨大的财富差异。这完全是因为1945年至1990年期间，不同的政府采取了不同政策。

在其他情况下，被比较的实体在许多方面都存在差异，并不仅仅只在一个单一的主导变量上有所不同。例如，在论证纬度对国家财富的影响时，人们不能只比较一个像赞比亚这样的低纬度国家与一个像荷兰这样的高纬度国家。除了纬度的差异，这两个国家在许多其他方面都是不同的。但是，将处于不同纬度的几十个国家进行比较，就可以得出如下结论：一般情况下，高纬度温带地区的国家比低纬度热带地区的国家富裕两倍。

在这本小书中,我将用七章的篇幅,借助鸟类观察家的自然实验方法,阐释我们在探讨社会科学领域的重大问题时将会有什么样的收获。第一章探讨一个对经济学家具有学术意义而对于所有地球上的居民都具有巨大实际意义的问题:为什么一些国家富裕,而另一些国家贫穷?自然实验显示,这一问题的答案一部分在于地理:在对世界各地的不同国家——除了地理位置其他方面都相当的国家——进行对比后证明,不但接近赤道的热带国家相比于温带地区国家贫穷,内陆国家相比于沿海和有可通航的河流的国家也要贫穷。所以,意大利拥有地处温带地区以及海岸线长的有利条件;同时,意大利北部地区拥有比意大利南部地区离赤道更远的有利条件。

第二章考察了制度在国家财富差异方面起到了怎样的作用。拥有良好制度(good institutions)的国家——诸如诚实的政府,合约和法律受到遵守——往往会比那些政府腐败以及违反合约和法律的国家富裕。但是，制度本身又是地理和悠久历史的产物，也是诸如德国被分为东西两部分这类历史"突发事件"的产物。

第三章聚焦一个具体的国家：中国。今天，这个国家拥有世界上最多的人口，也是增速最快的主要经济体。在有限的篇幅内，我简要阐述了与中国相关的重要方面：中国的地理、人民、语言、农业、史前史、历史以及今天的状况。一个有趣的自然实验的例子是对比中国和欧洲的地图。你们立刻就会注意到，欧洲拥有大的岛屿（如不列颠和爱尔兰），大的半岛（如意大利和希腊），横亘陆地的山脉（如阿尔卑斯山脉和比利牛斯山脉），以及如同车轮的辐条一样向四周流淌的河流（如莱茵河和多瑙河）。以上情况在中国都不存在。我探讨了中国和欧洲之间存在的这些地理差异对于导致中国和欧洲不同的发展历史产生了怎样的影响。

在第四章，我试图通过比较个人危机和国家危机，以及比较不同国家的危机归纳出经验教训。日本、英国、德国、智利以及其他国家曾经面临外部因素或者内部因素导致的危机,或者由外部因素和内部因素共同引发的危机。这些国家成功解决危机的程度有很大的差异。我的意大利读者们可能会饶有兴趣地问,这样的比较对于理解意大利曾经经历的危机——如意大利复兴运动(Risorgimento)和法西斯的出现以及第二次世界大战后的恢复——能够提供哪些启示?并且,意大利怎样才能最好地应对目前已经出现的危机迹象?

在这本书中,有两章的主题直接涉及我们每个人,其中之一就是第五章。这一章对比了我们这些生活在现代社会中的公民对个人遇到的危险所做的反应和我的新几内亚朋友们对危险的反应。我在与这些朋友的接触中,通过采取被我定义为"建设性妄想狂"(constructive paranoia)的态度,学到了许多正确对待美国日常生活中的危险的方法。我希望你们能够从这一章中学会更清楚地思考什么是危险,认清什么是普通危险(比如在淋浴时滑倒),从而减少对恐怖分子和飞机失事的担忧。

在第六章，我同样把重点放在个体的层面而非国家的层面上。自然实验为我们提供了很多关于如何保持健康、如何在进入老年以后依然保持生活质量的例子。特别是，我们有足够的理由提出疑问：为什么保持传统生活方式的新几内亚人和其他人群几乎从不死于糖尿病、心脏病以及中风，而这些疾病却是现代意大利人和美国人死亡的主要原因？今天，具有悲剧色彩的自然实验告诉我们，新几内亚人以及其他曾经有着传统生活方式的民族在接受了西方生活方式之后，如何迅速患上了那些疾病。我们可以利用这一知识减少那些疾病带给我们的死亡风险。

最后，这本讨论大问题的小书在第七章以探讨最重要的主题收笔：今天全世界面临的问题。对于我所认为的三大问题，我提出了自己的观点。

本书的七章内容清晰地说明了社会科学的魅力、困难及其重要性。我希望，你们会觉得书中所谈的这些问题对于你们个人的生活以及对于你们国家的未来都是有关联、有启发性的。我自己确实有这样的感觉。

说到写作这本书的初衷，我要感谢我在罗马路易斯大学（Luiss University）的同事和学生们。2014年3月，他们邀请我做讲座。这本书的七章均源自我当时为罗马路易斯大学的学生和教师准备的讲稿。我特别感谢玛利亚西尔维娅·乔拉和马迪·甘多尔福两位出色的意大利女士为我的访问所做的周到而细致的安排工作。感谢你们，感谢罗马路易斯大学的同事们和学生们，是你们大家帮助我实现了一个多年的梦想：置身意大利，每天都聆听你们说，也跟着你们说美妙的意大利语。

第一章

为什么有的国家富裕，有的国家贫穷：地理的作用

假设你们遇到某个人,这个人你们从未谋面,你们会想办法得到尽可能多的关于这个人的情况。但是,只允许你们问对方两个问题,而对方也只被允许用一个词来回答每一个问题。要想让对方用一个词来回答问题就会让你们得到关于这个人的最重要信息,那么,你们应该问的这两个问题是什么?

许多人认为,这两个问题是:你在哪里出生的?你是哪一年出生的?

先来说说一个人是哪一年出生的问题。假设一位意大利人告诉你们,他或她出生于1920年,或者1940年,或者1950年,或者1990年。仅据这一点,你们就会做出许多推测,想到那位意大利人的生活会是个什么样子。出生于1920年的意大利人生长在独裁统治之下。出生于

1940年的意大利人很有可能经历过战时的轰炸和战斗，以及随之而来的战后艰难时期。出生于1950年的意大利人虽然没有经历过战后最为艰辛的时期，但是却经历了红色旅（Brigate Rosse）的年代。出生于1990年的意大利人仅仅从书本中知道独裁统治、轰炸和战斗、战后的艰难时期以及红色旅。所以说，只要你们知道了一位意大利人的出生年代，你们就会知道许多有关这位意大利人的生活经历。

再来谈谈一个人在哪里出生这一问题的答案。假设你们刚刚遇见的那个人回答说，他或她出生在意大利，或者出生在海地，或者出生在美国，或者出生在卢旺达，或者出生在伊拉克，或者出生在韩国，你们马上就会意识到，这个答案足以让你们知道那个人可能有怎样的生活方式。例如，意大利人和美国人是开车去上班，或者乘坐快速公交车。我们居住的房子或者公寓是由别人为我们建造的。我们吃的食物是别人种植出来的粮食，而我们只是从市场里购买所需的食物。我们穿的衣服是别人缝制出来的。我们有医疗保险和牙科保健。我们享受大众娱乐——诸如电视节目和电影。

但是，在这个世界上的其他地方还有许多人，他们的生活方式与意大利人的和美国人的截然不同，仅仅是因为他们很不幸运，出生在海地或者卢旺达。海地人、卢旺达人以及生活在世界其他地方的几十亿人，他们跟意大利人和美国人一样聪明，一样努力地工作，但他们付出的劳动却得不到应有的报酬。他们步行去上班，而不是自己开车或者乘坐快速公交车。他们自己盖房子或者搭建棚屋。他们吃的食物是自己种植的。他们自己缝制衣服，甚至他们可能根本就没有衣服穿。他们没有医疗保险和牙科保健。他们享受不到电视节目和电影这类大众娱乐。

意大利人和海地人处于不同的生活环境之中，所有这些不同都说明，一个人碰巧出生的地方对于这个人的人生有着巨大的影响。

国家财富的差异是世界区域地理的一个基本事实。

为什么有些国家富裕，而另一些国家贫穷？诸如挪威、意大利和美国这些最为富裕的国家，其人均年收入要比布隆迪和也门这些最为贫穷的国家的人均年收入高出400倍。关于国家财富的差异这一问题并不仅仅是一个令人关注的学术问题，它还是一个涉及重大政策含义的问题。如果我们能够找出那一问题的答案，也许贫穷的国家可以利用这些答案来帮助他们自己变为富裕的国家；并且，富裕的国家也可能依据这些答案设计出来更加行之有效的对外援助计划，有的放矢地帮助贫穷的国家。

现在，我来给大家讲一个故事。我以个人的经历编一个有趣的故事，谈谈国家财富的差异。大概在10年前，我到过荷兰，在那里停留了几天。之后，我乘飞机开始了一次长途飞行，飞到非洲国家赞比亚，在那里也逗留了几天。短时间在两个不同国家的经历让我产生联想。假如一位外星来客从太空来到地球，第一次到访荷兰，这位外星来客会说："这是一个多么不幸的国家呀！

没有一样对国家发展有利的条件！荷兰一定是一个非常贫穷的国家！"这个外星人做出如此论断是因为他发现，荷兰有着漫长的冬季，而夏季则很短，所以荷兰农民每年只能种植一季庄稼。荷兰没有具备开采价值的矿产资源。荷兰的地势低洼平坦，因此荷兰没有水坝或者水力发电，只能依靠进口石油和煤炭来提供大部分能源。很不幸的是，荷兰与德国拥有共同边界；德国的疆域比荷兰大很多，并且拥有强大的军事实力。1940年，德国就曾经侵略过荷兰，把荷兰这个国家搞得一团糟。三分之一的荷兰疆域处于海平面以下，有被海洋淹没的风险。所以，我们的外星来客猜想荷兰是一个非常贫穷的国家，并非没有道理。

随后，我乘飞机到达位于非洲南部的赞比亚。想象着这位外星来客还在太空的时候就可能听说过，非洲的国家一般都比较贫穷。但是，当这位外星来客到达赞比亚之后，会对赞比亚留下深刻的印象：与其他大多数非洲国家甚至与荷兰相比，赞比亚拥有优越的自然条件。

不像意大利和美国，赞比亚不需要购买石油、天然气或者煤炭来产生能量。相反，赞比亚所有的能量来自水电。赞比亚在赞比西河上建造了巨大的水力发电站。这些大坝发电能力巨大，不仅足以满足自己的需求，还能够向邻国出口电能。不像荷兰，赞比亚的矿产资源非常丰富，特别是铜矿。赞比亚的气候温暖湿热，可以保障农民每年种植几季庄稼，而不像荷兰那样每年只能种植一季。与大多数其他非洲国家不同，赞比亚是一个爱好和平、政局稳定并且实行民主制度的国家。赞比亚的部落之间没有相互械斗的问题。赞比亚从未发生过内战，也从未与邻国发生过战争。赞比亚实行自由选举制度。赞比亚人民是善良的人民，他们努力工作，重视教育。

所以现在，请你们猜猜赞比亚的人均收入。你们认为赞比亚的人均收入应该高于、低于还是与荷兰的人均收入持平？如果你们认为荷兰的人均收入高于赞比亚，那么，荷兰的人均收入应该高于赞比亚400倍、10倍还是 1.5 倍？

答案是：荷兰的人均收入比赞比亚的人均收入高出 100 倍！荷兰的人均年收入大约为 22 000 欧元，而赞比亚的人均年收入仅为 220 欧元。对于外星人来说，这个差异简直太不可思议了。既然赞比亚拥有上面提到的那些有利条件，荷兰存在着各种各样的不利条件，为什么荷兰会比赞比亚富裕那么多呢？

这个例子凸显了一个普遍存在的问题：为什么一些国家富裕而另一些国家贫穷？回答这一问题又涉及两个方面的因素：地理因素和制度因素。在这一章，我将谈论地理因素。但是，这并不意味着我打算忽略制度因素的重要性。只不过，我把这一章专门用来讨论地理因素。制度因素的讨论会留到下一章。

最重要的地理因素之一是纬度。一般来说，位于温带地区的国家比位于热带地区的国家要富裕得多。甚至那些拥有良好的诚信制度的热带国家——诸如哥斯达黎加——也比像保加利亚这样没有良好诚信制度的欧洲国家要贫穷。

有趣的是,纬度对于财富所起的这一作用甚至表现在那些疆域从南到北绵延不同纬度的国家内部。例如,位于温带的美国东北部各州——诸如纽约州和俄亥俄州——要比地处温度高的热带地区的密西西比州和亚拉巴马州这些美国东南部的几个州富裕多了。在过去,美国东北部地区和东南部地区的财富差异比现在还要大。同样,在巴西,富裕的区域处于远离赤道的温带地区,分布在巴西南部的里约热内卢和圣保罗这些富有城市及周围——巴西位于赤道以南,而美国位于赤道以北,所以,美国的温带在美国的北部地区,而巴西的温带则在巴西的南部地区。巴西最为贫穷的地区是巴西北部位于赤道地带的热带地区。换句话说,纬度对于财富的影响是显而易见的;这种影响不仅表现在国家之间,还表现在那些其疆域从南到北绵延不同纬度的国家内部。因此,有人会好奇地问,是否地理因素以及制度因素有助于解释为什么意大利北部比意大利南部更富裕？

关于热带地区的国家比温带地区的国家贫穷这一问题，有两个主要的原因：热带国家相对低下的农业生产率以及相比之下显现出来的更为严重的公共健康问题。

从农业生产率谈起，我们给出的第一个假定是：热带地区的农作物产量比温带地区的农作物产量预期更高。这一假定有几个理由。一个理由是，农作物生长季节在热带地区持续整个一年，而在意大利则只有半年，或者在瑞典和加拿大则只有几个月。另一个预期热带地区农作物产量高的理由是，热带地区全年温度都很高，经常有足够的日照，其降雨量和可用水量往往比温带地区要高很多。例如，年降雨量1 000毫米在意大利算是不错的降雨量，但在新几内亚的任何地方都不会有这么低的降雨量。在新几内亚，任何一处的年降雨量都要高于2 000毫米；大约有一半的地方，其年降雨量在5 000毫米以上；而最潮湿的地方，年降雨量在10 000毫米以上。

尽管热带地区有足够的理由让人们对这一地区的农

作物产量给出很高的预期，遗憾的是，这里的农民们最清楚，那不是事实。当看到意大利的主要农业地区——特别是波河河谷——的时候，他们会感到惊讶甚至嫉妒。

有两点事实可以用来解释为什么热带地区的农作物产量不仅不高，反而相对低。这两点原因与人们最初的预期相悖。

一个原因是，热带地区的土壤肥力低，土质贫瘠。在意大利、美国以及其他温带地区，农民们已经习惯了深层的、肥沃的土壤。这些温带地区形成肥沃土壤的部分原因是，在过去几百万年的冰川时代，冰川在美国和意大利的大部分地区移动，先是从北向南，然后再从南到北后退，反复了至少22次。在冰川前行和后退的过程中，冰川磨碎了流经区域下面的岩石，由此生成了新的富含营养成分的深层土壤。相反，热带地区从未有过冰川运动，所以也就从来没有深层肥沃土壤持续不断地再生。

关于热带土壤的另一个问题是，当我们在温带地区的森林里散步的时候,看到地上覆盖着许多落叶和枯枝,我们会对这种环境习以为常。从另一个角度来说,从树上落下来的枯枝和树叶富含有机物;随着时间的推移,这些枯枝落叶在缓慢地发生腐变,释放出的营养物质浸入土壤之中。但是在持续高温的热带地区,枯枝落叶以及其他这类落地的有机物在微生物和小动物的作用下会迅速分解,热带地区频繁的强降雨很快便将这些营养物质冲到河里,然后带进海洋。

热带地区农作物产量低的另一个原因是,热带地区以物种丰富著称,比温带地区的物种要丰富得多。这也就是为什么意大利的鸟类观察者们喜欢到巴西去;其实,那里不只是有许多鸟类物种,那里还有更多的其他物种,如病原菌(pathogen)、昆虫和霉(mold)。这些物种会侵染和糟害农作物,结果是热带地区农作物很大一部分产量遭受了损失。

以上谈到的是两个主要的原因,说明为什么与人们的最初预期相反,热带地区的农作物比温带地区的产量低。这也是为什么世界上的主要农业出口国——美国、加拿大、俄罗斯、荷兰、阿根廷、智利、南非以及其他国家——几乎都在温带地区。只有巴西是处在热带地区的一个重要农产品出口国,但要知道,巴西不仅有一大片疆域位于热带地区,也有一大片疆域处在温带地区。

基于上述因素,农业生产率低下便成为热带国家趋于贫穷的两大原因之一。另一个主要原因涉及公共健康的不利条件。我刚刚还提及,总体来说,热带地区比温带地区的物种丰富,包括令鸟类观察者感到兴奋的丰富的鸟类物种。但是,热带地区丰富的物种也包括致病的物种,比如寄生虫、昆虫和细菌。负责公共健康的官员们经常开玩笑地说,世界上最好的公共健康设施就是温带地区寒冷的冬季。寒冷的冬季杀死了寄生虫和细菌;这样,寄生虫和细菌在春天里必须重新开始繁殖。相反,在热带地区,寄生虫和细菌常年茁壮生长。

这并不是说，温带地区就是完全健康的地区。正如任何熟悉意大利历史的人都知道，从前的意大利人的确也有许多死于传染病。总的说来，温带地区的疾病以及意大利历史上发生过的疾病，往往是流行性疾病——如天花和麻疹，它们会在人口拥挤的地方流行开来。但是，大多数发生在人口稠密地区的这些流行性疾病属于人的一生中只会感染一次的疾病，通常在童年时期易感。如果一个人在孩提时期得过天花或者麻疹，并且很幸运地恢复了健康，那么这个人便获得了终生免疫力，在其余下的人生中不会再一次得上这种病。相反，热带疾病往往是复发性疾病。假如一个人得了复发性疾病，即使康复了，这个人依然不会获得终生免疫力；也就是说，在随后的一生中，这个人可能会一次又一次地重复患上那些疾病。历史上，意大利人最为熟悉的热带复发性疾病是疟疾。

去过热带地区的人想必听说过，或者经历过，慢性寄生虫、原生动物以及其他携带疾病的微生物是如何折磨那些生活在热带炎热气候环境下的人民的。这方面的例子很多，无须罗列，这里只给大家举一个例子。通常情况下，普通印度尼西亚人的体内平均有六种不同类型的寄生虫。以疟疾的患病病例以及因患疟疾而死亡的人数为衡量标准，疟疾是世界上仅次于艾滋病的最严重的传染性疾病。寄生虫病、疟疾以及当前严重的艾滋病带来的后果是，赞比亚人的平均预期寿命仅为41岁。

很显然，一个人生活在热带地区，受到寄生虫病以及其他疾病的威胁，可能会在41岁死去，这是巨大的人生悲剧。即便如此，冷血的经济学家们还是会指出：热带疾病也给经济发展带来了不利条件。的确，有几个方面的原因。其一，热带疾病使得热带地区人民的预期寿命缩短。预期寿命短意味着受过专业培训的工人和管理人员的平均生产力寿命缩短。例如，在赞比亚，我们培养一名工程师，这位工程师在30岁左右完成了全面的专业培训，能够为赞比亚的经济做出贡献。根据赞比亚人的平均预期寿命，这位工程师将在41岁死去。也就是说，这位赞比亚工程师将只能为赞比亚的经济发展做出11年的贡献。在意大利，人们的预期寿命为77岁。一位意大利工程师能够为意大利的经济发展至少做出30年的贡献，直到他或她退休为止；假如允许他或她在通常规定的退休年龄之后继续工作，意大利工程师可以为经济发展做出40年甚至50年的贡献。

热带地区的疾病给经济发展带来不利条件的第二个原因是，热带地区的疾病导致高发病率和高死亡率。也就是说，即使疟疾没有要了一个人的命，其在得过疟疾之后的很长一段时间里，都会觉得身体虚弱，感到不舒服，无法工作。因此，那些到了42岁还活着的幸运的赞比亚人，他们每年的工作天数比同龄的意大利工人每年的工作天数要少，因为赞比亚工人生病的次数太多了。

热带地区的各种疾病给经济发展带来了不利的条件。说到这方面，还有一个原因是，热带疾病致使人口的年龄结构不平衡。平均预期寿命短以及平均死亡率高的结果是，父母必须多生育孩子，以应对他们生养的许多孩子可能夭折的情况。这意味着，劳动者与非劳动者相比较，劳动者的比例低：具有生产能力的成人数量很少，但却有许多没有生产能力的儿童。这种现象显然使得整个人口的人均收入低下。

最后一点是，为了多生育孩子，热带地区的妇女一生中要多次怀孕；不仅如此，她们生命中的很长一段时间都是处于哺乳期，以保证其中的一些孩子能够存活下来，不至于死于热带疾病。但是，怀孕和哺乳的妇女很难腾出时间，从事劳动。

以上说到的这些原因告诉我们，热带疾病不仅仅是人类本身的悲剧。热带疾病与热带地区低下的农业生产率一道，成为另一个问题的主要原因，那就是为什么热带国家趋于贫穷而不是富裕。

热带地区的这些现实情况不是令人沮丧吗？是的，这些情况的确令人沮丧。鉴于此，我们不禁要问，热带地区的不利条件是不可逾越的吗？热带国家注定毫无指望地要一直贫穷下去吗？当然不是。热带地区的这些不利条件的确现实存在，但是，我们有必要搞清楚它们的来龙去脉。这里，我们打个比方，好比一个人被诊断患了一种疾病，这的确令其沮丧，但是，这恰恰也是确定如何治疗这种疾病的第一步。类似的道理，那些热带国家和地区的人民找到了是什么原因致使他们容易变得贫穷。看到这些原因的确令他们沮丧，但是，既然他们已经知道了这些不利条件，便可以对症下药，努力去解决这些问题。近些年来，经济发展迅速的热带国家和地区恰好是那些向公共健康投资最大的热带国家和地区。除了农业之外，这些国家的人民还重视在其他领域的商业投资；他们意识到，如果单纯依靠农业发展，他们永远也不会富裕起来，因为在发展农业方面，他们以前没有能力以后也不会有能力与温带地区展开竞争。近些年来，这些国家和地区充分探究导致他们贫穷的症结，有的放矢地解决问题，使自己变得富裕。这些国家和地区包括马来西亚、新加坡、中国台湾、中国香港和毛里求斯。

热带地区严重的公共健康问题的另一个后果也是美国的中央情报局（CIA）所关注的事情之一。中央情报局对预测"国家崩溃"非常感兴趣。所谓"国家崩溃"，就是哪些政府最有可能瘫痪，导致其国家陷入混乱。接踵而至的是，在这些崩溃了的国家里，绝望的人民被迫想尽办法移民，或者成为恐怖分子，或者以其他方式给富裕的国家制造麻烦。鉴于此，美国中央情报局竭尽全力做出甄别，找出哪些因素才是最有成效的预测因子，以便对政府瘫痪和国家混乱做出预测。

研究结果表明，令中央情报局的分析家们备感惊讶的是，导致政府瘫痪的最有可能的全国性预测因子是：婴儿死亡率高！解释婴儿死亡率高与政府瘫痪之间的相关性的一个理由是，婴儿死亡率高对于经济发展不利，其原因我在前面已经解释过。就是妇女不间断地怀孕和哺乳，使得她们脱离了劳动力群体；而许多属于非劳动力群体的儿童需要少数具有劳动能力的成年人来抚养。解释婴儿死亡率高与政府瘫痪之间的相关性的另一个理由是由中央情报局的分析观察而得出的：婴儿死亡率高是一个国家危机的早期预警信号，说明这个国家的政府软弱无能，没有效率，不能够处理儿童的疾病问题。

热带国家存在着许多不利条件，这些事实有明显的政策含义。公共健康措施以及计划生育项目是热带国家需要解决的基本问题，与建造大坝和开采矿山等其他经济援助形式相比，解决这些基本问题的费用是低廉的。例如，中国的三峡大坝工程，仅这一个项目就耗资超过220亿欧元。但是，控制疟疾、肺结核和艾滋病这三种世界上最严重传染病的计划，在全球范围内的费用也只有180亿欧元。投入到公共健康领域里的资金数额很小，然而相比之下，这笔投入产生的经济效益却往往是巨大的。预防疟疾从不会有任何意想不到的副作用。但是，建造大坝和开采矿山通常会产生预料不到的副作用。

所以，热带农业生产率低下以及严重的公共健康问题是导致热带国家不利地理条件的主要原因。另一个值得一提的原因是，由于高温，热带国家的工业机械往往比温带国家的更容易损坏，故障也更常见。这就是为什么在20世纪四五十年代当我还是一个孩子的时候，美国温度高的南部地区通常要比温度相对低的北部地区明显贫穷。直到20世纪50年代后，在美国南方，空调被广泛使用，情况才有所改善。空调的使用除了使得人们的生活更加舒适之外，还减少了机械的损坏。

但是，谈到热带国家的不利条件，对于为什么一些热带国家富裕而另一些热带国家贫穷这一问题，并非只有这一个地理因素可以给出有说服力的解释。另一个容易使热带国家趋于贫穷的地理因素是：内陆地理环境。关于这一地理因素，意大利人不必去考虑。意大利是一个狭长的半岛，所以，意大利地图上的每一点，其离海岸线的距离都比较短。即使在意大利北部疆域最宽阔的地方，大部分房屋距离波河的某一个支流都不远，而波河是一条可通航的河流。同样地，法国人和德国人也不必过多考虑内陆地理环境会带来什么影响，因为他们的国家也拥有海岸线和可通航的河流。美国也不需要过多考虑内陆地理环境问题，因为它拥有很长的海岸线以及一条巨大的可通航的河流——密西西比河，其支流的流域范围广大，遍及北美大陆的大片土地。

然而，对于世界上的许多国家来说，情况却并非如此，这些国家没有海岸线，也没有可通航的河流。这些贫瘠的内陆国家包括南美洲的玻利维亚，欧洲的摩尔多瓦，亚洲的老挝、阿富汗、尼泊尔和乌兹别克斯坦，非洲的赞比亚、中非共和国以及其他非洲国家。对于一个国家而言，拥有海岸线或者位于可通航的河流会给这个国家带来哪些有利条件呢？答案很简单：海上运输货物比陆路运输和空运要廉价许多。平均而言，每千克货物以海运的方式运输比陆路便宜七倍。这方面表现最明显的是玻利维亚，这个南美洲第二贫穷的国家。1884年，玻利维亚与智利之间爆发了一场灾难性的战争，战争结束后，玻利维亚失去了它的海岸线，成为南美洲唯一一个内陆国家。欧洲的摩尔多瓦是欧洲的内陆国家，也是最贫穷的国家之一。没有哪个大陆像非洲大陆那样有那么多内陆国家：非洲大陆上的48个国家中就有包括赞比亚在内的15个国家属于内陆国家。许多非洲国家不仅仅是没有海岸线，整个非洲只有一条从海岸线开始可通航很长距离的河流，那就是尼罗河。非洲灾难性的内陆地理环境与非洲热带地理位置一道，有助于我们有说服力地解释为什么今天的非洲是世界上最为贫穷的大陆。

与国家的财富与贫穷相关的地理原因中，倒数第二个原因是一个悖论，叫作"自然资源诅咒"。一些国家拥有丰富的自然资源，诸如金矿和其他矿物质、石油以及有价值的热带阔叶树。例如，非洲国家尼日利亚就拥有这些有价值的资源，而意大利则明显没有那么幸运，没有金矿、石油，也没有热带阔叶树。很自然，早期的经济学家们也受到自然资源因素的影响，他们在此基础上，进行了认真的分析研究，对经济发展做出预期：那些拥有丰富自然资源的国家，诸如尼日利亚，应该比意大利以及其他跟意大利一样自然资源贫乏的国家要富裕得多。

但是事实证明，情况恰恰相反。自然资源丰富的国家反而与预期相悖，往往贫穷，而不是富裕。具体地说，如果一个国家的出口创汇主要依赖本国的自然资源，这种情况常常对经济发展不利。美国的确拥有丰富的矿物质和石油，但美国却避开了贫穷，因为那些自然资源只是其出口经济的一小部分，美国更多地依赖工业和农业。

所以，经济学家们应该对一个悖论做出诠释。人们会预期，那些被赋予了丰富自然资源的国家应该成为富裕的国家。而事实却相反，这些国家往往贫穷。这就是经济学家们所指的自然资源的"诅咒"。

为什么自然资源往往会成为一种"诅咒"而不是福

祉？几个原因已经得到确认，能够对这一问题提供可信的答案。其中的一个原因是，自然资源往往不会均匀地分布于一个国家。相反，自然资源通常会集中在某些地区。人类历史的发展证明，自然资源分布不均是一个容易导致国家的内战和分裂活动的诱因。在一个国家内部，拥有丰富自然资源的那部分地区，要么想要从国家中脱离出来，以便将所有的利益保留给自己；即使并没有想要脱离国家，也会多有抱怨，认为太多的利益被分配给国家的其他地方。刚果东部地区蕴含着丰富的矿物质资源，这就是这一地区长期存在分裂活动的背后原因。

有关自然资源的诅咒的另一个原因是，丰富的自然资源容易产生腐败。当某些产品可以轻易地被某些人藏进自己的口袋，或者通过集装箱、输油管道来控制它们的去向，腐败就会产生。无论是谁，只要他将产品放进自己的口袋，或者控制了集装箱或输油管道，要么直接中饱私囊，要么可以迫使矿业和石油公司为获准开发油田和开采矿山进行贿赂。钻石和黄金是最容易藏进个人口袋中或者携带出去的自然资源,钻石和金矿的开采权也是最容易受到控制的。这就是为什么钻石和金矿资源丰富的国家往往存在特殊的腐败问题。

还有另一个原因,可以解释由自然资源而产生的悖论。那就是,从自然资源开发中获得的巨额资金往往会提高在这一行业工作的雇员的工资。这也会导致物价上涨,因为这一行业雇员们的收入增加,具备了购买高物价商品的能力。然而,这一行业导致的高工资和高物价使得其他经济领域无法与自然资源领域竞争,更不可能获得成功。

那些从自然资源中获取巨额资金的国家之所以往往贫穷,还有一个原因:这些国家经常会忘记,自然资源总有一天会枯竭,而最终,它们还是不得不发展其他经济领域。可是,这些国家只指望着钻石和石油资源会源源不断,它们不想发展其他领域的经济;并且,它们不向教育投资。它们只依赖从自然资源中获取丰厚的利益,长此以往,等这些资源消耗殆尽之后,它们发现自己又变得贫穷了。

你们大家都能够想到一些国家,这些国家的自然资源丰富,但其经济却并不发达。这些国家包括石油储藏量丰富的尼日利亚和安哥拉,矿产资源丰富的刚果,盛产钻石的塞拉利昂,以及银矿资源丰富的玻利维亚。意大利应当算是很幸运的,它没有钻石和石油资源,因此也免于受到钻石和石油导致的一系列问题的困扰。

但是,我们早就知道,热带地理位置并不是一个不可逆转的致命诅咒。一些热带国家已经意识到它们所处的热带地理位置给它带来的这些问题,它们充分认识问题,对症下药来解决问题。同样,一些受到自然资源诅咒的国家也认真分析自己国家的问题,针对这些问题找出办法,打破诅咒。一个典型例子就是挪威。很不幸,挪威在其北海海底发现了极其丰富的石油储藏。挪威政府是世界上最廉洁的政府之一。在发现石油储藏之后,挪威政府发出声明,开采北海海底石油所获得的收入属于所有挪威人民,而不是只属于生活在北海海岸的少数居民。他们将石油开采的收入投资到长期的信托基金之中。

我们还可以找到相同的情况。例如，非洲国家博茨瓦纳于1966年宣布独立。在独立伊始，博茨瓦纳依然还是非洲最为贫穷的国家之一。很"不幸"的是，博茨瓦纳很快就发现，他们拥有丰富的钻石矿产资源。但是，博茨瓦纳政府声明，开采这些钻石的收入属于所有博茨瓦纳人民，不仅仅属于钻石开采地区的少数博茨瓦纳人。博茨瓦纳政府同样将其开采钻石的收入投资到长期发展基金之中。还有一个例子是南美洲国家特立尼达和多巴哥。这个国家发现了石油储藏，但是，政府对开采石油的收入做了合理的安排，投入到教育和国家发展上。

简言之，尽管自然资源常常被证明是一种诅咒，但自然资源并非致命的诅咒，这要看人们如何对待这种诅咒。

还剩下一个地理原因我想谈谈，也是用来说明为什么国家或许会变得富裕，或许会变得贫穷。有一种观点，认为随着时间的推移，人类社会只会变得越来越富裕，这一观点并不正确。遗憾的是，从历史的角度我们可以看到，随着时间的推移，许多国家变得越来越贫穷，许多国家甚至衰落了。举几个著名的例子来说明曾经显赫的社会变得越来越贫穷，直至衰落。公元984年，挪威的维京人定居在格陵兰岛上，但这些维京人大约在500年后消失了。坐落在墨西哥和危地马拉的玛雅王国最初是新大陆上美洲土著人中文明程度最高的，但却在大约公元800年衰落了。高棉帝国位于今天柬埔寨的吴哥，曾经是东南亚地区实力最为强大的帝国，自15世纪开始逐渐衰落。

研究结果表明，曾经富裕的国家和社会变得越来越贫穷并且最终衰落，这种现象常常是伴随着环境问题和人口问题。例如，维京人生存的格陵兰岛上出现了土壤严重破坏的问题以及气候变得越来越寒冷的问题。玛雅人大面积砍伐森林，导致土壤受到侵蚀以及出现了人口过剩的问题。高棉帝国碰到的问题则是水的管理、大面积森林砍伐带来的后果以及气候变化的问题。

今天，我们应该汲取教训，牢记人类历史上曾经因为环境问题和人口过剩问题很容易就导致贫穷和衰落。在我们现今全球化的世界上，当有些国家变得贫穷甚至衰落，通常情况下，它们造成的问题最终不仅仅关涉到它们自己，而且还关涉到其他国家。想一想近几十年来那些榜上有名的衰败国家给其他国家造成的麻烦。这些衰败的国家要么成为移民和恐怖分子的源头，要么大肆杀戮自己国家的人民，要么由于自己的所作所为导致美国或者欧盟产生了进行武装干预的动机。这些问题国家包括索马里、阿富汗、卢旺达、布隆迪、尼泊尔、海地、马达加斯加和巴基斯坦。所有这些国家不是处于生态脆弱的环境，就是处于业已遭到人类严重破坏的环境。在这些国家中，还有几个存在人口过剩的问题。

在过去，当格陵兰岛、玛雅王国和高棉帝国衰落的时候，衰落产生的影响并不会扩散很远。但是在今天的全球化世界上，任何一个国家的衰落，甚至一个位于非洲中部的国家或者亚洲中部的国家，其衰落产生的影响都可能会波及世界上的其他地方。

至此，我们已经对地理因素在国家的财富和贫穷方面所产生的影响进行了深刻的探讨，可以得出具有实用价值的结论。这一实用性的结论是：对外援助的提供方——诸如欧盟国家和美国——想要帮助世界上的贫穷国家的时候，不应该仅仅投资建立援助机构，还应该在公共健康、计划生育以及环境保护方面投资。今天，对外援助已经不再只是像从前那样，是对外捐助者慷慨无私的举措和高贵慈善的行为。今天的对外援助是提供援助的一方采取的一种自救行为。在今天的全球化世界上，贫穷国家有许多方法来给富裕国家制造麻烦：把自己的国家变成源源不断的非法移民的来源地、疾病的源发地、恐怖分子的来源国，以及成为其他国家实施军事干预的目的地。从长远的角度来看，对于美国以及其他发达国家来说，相比于永无休止地应对移民、疾病以及恐怖分子这些从根本上就无法解决的问题，帮助贫穷的国家解决经济问题所耗费的资金更少，也更行之有效。

第二章

为什么有的国家富裕，有的国家贫穷：制度的作用

经济学的核心问题之一涉及国家的富裕与贫穷。一些国家比另一些国家要富裕得多。例如,意大利和美国要比埃塞俄比亚和墨西哥富裕得多。为什么会出现国家间的贫富差异?在前一章,我论述了地理在国家间贫富差异方面的作用,给出了这一问题的部分答案。在这一章,我将讨论答案的另一部分。这一章的内容比前一章关于地理作用的内容更会受到经济学家的关注。

经济学家提供的常规答案涉及人类的制度。一些人类制度在激励公民参与生产,并且进而促进国家财富的增长方面的确卓有成效,这一点毋庸置疑。而另有一些制度却在打消人民的生产积极性方面起到了重要作用。其结果是,很大程度上导致国家走向贫穷。

经济学家们引用了许多极具说服力的例子,来说明制度的重要性。其中之一是,拿两个可比的国家做比较。通常情况下,配对做比较的国家相互毗邻,拥有极其相似的环境,以前曾经是一个国家;但是,它们现在各自成为独立的国家,实行不同的社会制度,其结果是两个国家拥有财富的多少也大不一样。这些案例说明,制度作用对财富产生影响,这种影响甚至在国家之间的地理差异很小或者几乎没有地理差异的情况下依然如此。有三组这类例子经常被引用:跃居第一世界生活水准的韩国,其财富与极端落后的朝鲜之间的差异;前西德的财富与经济水平低下的前东德之间的差异,甚至在德国柏林墙倒塌多年后的今天,前东德的经济水平相对低的状况还是没有完全消除;第三组是同样位于加勒比海伊斯帕尼奥拉岛上的海地和多米尼加共和国:西部的海地是西半球最贫穷的国家,东部的多米尼加共和国虽然绝对不是一个富裕的国家,还只是一个发展中国家,但却比海地要富裕六倍。

毋庸置疑,对这些案例的研究给出了令人信服的证据，说明制度的不同能够导致巨大的国家财富差异，这种差异其至在地理环境方面毫无差异的国家之间依然存在。经济学家对了这一发现进行概括总结，继而得出结论，认为制度是国家间贫富差异最为关键的因素。这一结论为我们提供了强有力的证据，说明为什么有些国家富裕而另一些国家贫穷——在第一章，我给出了有理有据的诠释，说明为什么地理因素对于国家间的贫富差异也具有重要意义。经济学家们还对他们称之为"良好制度"的概念给出精确的定义和具体的论述。这一术语的意思是：经济的、社会的以及政治的制度，能够激励人民以个体身份积极从事生产，以便积累国家财富。

经济学家们对何为良好制度做了充分的研究，并在此基础上遴选出至少十几种典型的良好制度。现在，我就开始谈谈这十几种良好制度。有一点我要说明，我并不打算把它们按照重要程度排列。也就是说，我首先谈到的良好制度并不比我后来谈到的更为重要。

一、良好制度的一个明显例子就是没有腐败，特别是没有政府的腐败。假如一个人清楚地确信他或她能够拥有自己努力工作的结果，那么这个人就更容易受到激励去积极努力地工作。但是，假如这些努力工作的成果极有可能因政府官员的腐败或者企业腐败而减少或者被挪用，那么情况就正好相反。

二、良好制度保护私有财产权，防止政府没收或者私人盗窃，这一点也与没有腐败有着密切的关系。再者，假如政府制定的法律允许没收你们的劳动成果，抑或，假如其他人可以窃取你们的劳动成果，你们为什么还要努力工作呢？

三、更为普遍的且与上面已经提到的两个良好制度相关的是法治。假如法律明确规定应该发生什么，并且假如这些法律条文确实能够得到执行，那么，你就会很清楚，为了积累你们的私人财富，你会去做什么，不会去做什么。

四、关于法治的最为具体的例子就是执行合同——

无论是公共的还是私人的。假如你与政府或者与另一私人或私人集团签署了一份合同，并且假如你确信，即使对方想要撕毁合同，政府的政策也会允许你去执行合同，那么你就会继续工作，因为你确信会有机会从付出中得到利益。

五、以上我们谈论了良好制度的四个方面，另有一个方面在某种程度上与以上四个方面相关，那就是激励公民进行金融资本投资并提供机遇。你们的资本不会被没收，不会被腐败所吞噬，会受到法律和合同的保护，仅仅知道这些是不够的。假如你的资本只能藏在床下，没有机会利用资本去投资，对于你来说，你的资本除了购买作用外，就没有什么其他用处了。但是，假如你们能够进行资本投资，那么资本就会增长，产生更多的资本。这样，你们就会受到鼓励，更加积极主动地去工作。因此，拥有股票市场、风险投资市场以及房地产市场的国家为资本提供了增长机会，为公民提供了工作的动力。

六、至此，我们已经举了五个关于良好制度的例子，它们之间相互关联。另一个关于良好制度的例子可以被视为法治的一部分——被杀害的概率低。在一个国家，当一个人总是感到身体处在会受到伤害并有可能被杀害的危险状态之中，这个人就不得不花费精力保证能够活命。想办法活命成了当务之急。假如一个人甚至都无法确保自己活着，努力工作和资本投资就不得不放在次要的位置。例如，在挪威，被杀害的概率低，这一原因和其他原因一道使得挪威成为世界上最富裕的国家。但是，在洪都拉斯，被杀害的风险高，这一原因与其他原因一道使得洪都拉斯成为一个贫穷的国家。

七、关于良好制度的另一个例子，用术语来表示，就是"政府效能"（effectiveness of government）。一个国家的政府拥有切实可行的、成文的法律，这还不够。政府必须有效地执行这些法律条文，来制定能够促进国家发展的政策，来培养和选拔高素质的政府官员。

八、在我随后提出的关于良好制度的四个例子中，我将转向金融制度方面。经济学家们喜欢强调控制通货膨胀的重要性。今天,假如你们国家的货币可以被预期在未来几年内具有几乎相同的价值,那样的话,你们采取一项长期理财计划还是有意义的。但是,假如你们的国家处于一种不可控制的通货膨胀状态,就如同1923年发生在德国的通货膨胀,以及近年来发生在阿根廷的通货膨胀,你们何必还要为了挣钱而辛苦工作呢?你们挣到的钱在几周之内甚至在几小时之内就会贬值。

九、经济学家们还强调国家内部以及国家之间的资本畅通。从短期来看,限制资本流通对于保护初期阶段的经济增长可能是必要的;但是从长远的角度来看,限制资本流通是不利的,因为它使得一个经济体无法与其他高效的经济体之间进行竞争,而这种竞争是必然的,也是必需的。

十、同样,经济学家们还强调打破贸易壁垒的重要性。从长远角度来看,贸易壁垒容留低效能的产业,使低效能产业不暴露在其他国家高效能产业的竞争环境之中,最终会对自己的经济造成损害。

十一、与资本流通和商品流通这两个因素相关,经济学家们强调货币交换的开放性。假如公民和产业能够将他们国家的货币转换为另一些国家的货币,因而能够购买海外的商品,而不是在转换货币时困难重重,他们会更加积极地去生产产品。比方说,某个国家的人民只能用他们的所得工资购买本国生产的种类不多的商品而不能够购买种类繁多的别国的商品,这个国家的人民为什么要自愿地去努力工作呢?

十二、最后,关于良好制度剩下的一个例子是,经济学家们强调在人力资本方面的教育投资。如果一个国家拥有一个良好的教育体制,那么,大多数公民可以接受教育,而且找到合适的工作。反过来说,政府也因此发展了所有公民的经济潜力,而不仅仅是那些能够获得教育的少数公民。

毫无疑问,经济学家们所强调的这些良好制度,是解释有些国家富裕而有些国家贫穷的重要原因。像挪威那样拥有良好制度的国家往往会变成富裕国家，像尼日利亚那样不具备良好制度的国家则往往会成为贫穷国家。

但是，针对良好制度对于国家富裕和贫穷的影响，许多经济学家得出了更大胆的结论。他们观察到，良好制度绝对能够最大限度地解释为什么有的国家富裕而有的国家贫穷。许多政府和非政府组织将它们的政策、对外援助、贷款以及捐赠建立在这一诠释的基础上。

然而，人们日益意识到，基于良好制度的诠释并不完整。这种诠释本身并没有错：可以肯定地说，它包含了许多真理；然而，它却并不完全。

我们之所以说良好制度的视角并不完全，一个重要的方面是，这一看法并未说出良好制度是如何形成的。为什么一些国家拥有良好制度，而另一些国家则没有？例如，为什么荷兰最终形成了对促进国家发展更为有效的制度，而赞比亚却没有形成这样的制度？这难道仅仅是偶然的、不可预测的事件吗？假如良好制度真的能够在任何一处随意一跃而出，为什么将良好制度移植到那些现在尚无良好制度的国家却困难重重？

换句话说，一味强调良好制度，这种通常的看法混淆了我们可以称之为近因（proximate cause）或因变量（dependent variable）与终极原因（ultimate cause）或自变量（independent variable）的两个概念。为了把我想要表达的意思说得清楚明了——即近因和终极原因的不同，或者因变量与自变量的不同，下面，让我来给你们讲一个关于婚姻破裂的故事。

我妻子玛丽是一位临床心理学家。她偶尔会接待一起来诊所的夫妇，找她做心理治疗，因为这些夫妇认为，他们的婚姻有破裂的危险。一次，一对夫妇来到诊所，告诉玛丽，他们的婚姻出现了危机。我妻子像往常一样，先问夫妇中的一个，比如说那个丈夫，让他解释一下，为什么说他们的婚姻到了破裂的边缘。丈夫陈述了他的观点："我妻子打了我一个耳光！那种行为对于婚姻来说太可怕了！我不想与一个打了我一个耳光的女人继续我们的婚姻关系!"

随后,我妻子玛丽转向这对夫妇中的妻子。玛丽问那位妻子:"你打了你丈夫一个耳光,这是真的吗?"那位妻子说:"是真的,的的确确,我打了他一个耳光。"接着,玛丽又问:"那么说,你们的婚姻出现危机,其中的原因是你打了你丈夫一个耳光吗?"那位妻子回答说:"不是。那不是我们婚姻破裂的真正原因。我打他一个耳光,是有充分理由的。他有外遇,跟好多女人有染。他的这些婚外恋才是我们婚姻破裂的真正原因。我不想跟一个总是不断有外遇的丈夫存续婚姻关系。我打了他一个耳光是因为他搞婚外恋,也是因为我对我们的婚姻忍无可忍了。导致我们婚姻破裂的真正原因是他在外面搞婚外恋。"假如那位妻子不那么生气,或者假如她能够理智一些,她完全可以这样来解释:"我打了我丈夫一个耳光,这只是我们婚姻破裂的一个近因;但导致我们婚姻破裂的终极原因是他在外面跟其他女人有不正当关系。"

但是,玛丽知道,并非所有的丈夫都有外遇。这位丈夫有外遇，与其他女人搞婚外恋，这其中一定还有某些特殊的原因。那么，在这对夫妇的案例中，他们婚姻出现危机的原因是什么呢？

为此，玛丽又转而问那位丈夫："你一直与其他女人有婚外关系，这是事实吗？并且，你的妻子打了你一个耳光，是因为你有婚外关系，这也是事实吗？"那位丈夫回答说："是的，我一直与其他女人有婚外关系，那是事实。"玛丽又问那位丈夫："但是，你为什么要跟其他女人有婚外关系呢？"那位丈夫回答说："我跟其他女人有婚外关系，那是因为我妻子变得越来越冷淡，我从她身上感觉不到爱，也找不到感情；并且，她从来不听我说什么。我跟其他男人一样，需要爱，需要情感，需要被关注。这就是为什么我与其他女人有婚外关系：这样我能够得到爱，得到情感，得到关注。这些是任何一个男人或女人都想要的和应该得到的。"

假如那位丈夫不那么生气，或者假如他一直比较理智，他就会这样回答："我妻子打了我一个耳光，这只是导致我们婚姻破裂的近因。我在外面有婚外恋只是原因链中的又一个近因；但它们不是婚姻破裂的终极原因。而终极原因就是我妻子的冷淡。"

在其他治疗过程中，玛丽可能做进一步的探讨，找到那位妻子冷淡背后的终极原因，诸如她的丈夫在其他方面的行为，或者诸如她的父母在她童年时代是如何对待她的。但是，无需再对这一婚姻心理治疗案例做出任何更进一步的追踪研究，这些已经足以让我给出我的观点。我们不能只停留在对近因的确定上，我们还要询问终极原因。一位婚姻问题专家只是把打了一个耳光作为婚姻破裂原因的标签，这解决不了这对夫妇的婚姻危机。假如与他们的婚姻相关的其他事情以及丈夫和妻子都保持不变，即使那位妻子没有打她丈夫一个耳光，他们的婚姻依然存在问题。同样的道理，经济学家们不应当只满足于给出如下的定论：挪威是一个富裕的国家因为挪威鲜少谋杀事件，而尼日利亚是一个贫穷的国家因为尼日利亚谋杀事件时有发生。我们不能只是告诉尼日利亚人，让他们停止相互之间的谋杀行为，并由此希望能够成功地终止尼日利亚的谋杀活动，达到促进尼日利亚富裕的目的。为什么在尼日利亚而不是在挪威普遍存在谋杀事件、腐败行为、漠视私有财产权利、不履行合同以及其他不良现象？对此，我们必须了解其终极原因。

换句话说，我们必须弄清楚良好制度是怎样形成的。我们不能仅仅满足于将良好制度看作事实予以接受，认为良好制度似乎可以随意地从天而降，落到某些国家，而没有落到另外一些国家。我们必须探究人类社会所建立的复杂制度的深刻历史渊源，以便更好地理解良好制度的起源。

为了更好地理解经济学家们特别强调的复杂制度的终极起源，让我们追溯到1.3万年前最后一次冰川时期末期的人类历史。1.3万年以前，世界任何地方的所有人类都以狩猎或者采集为生，而不是依靠农耕或者放牧。与现代人口众多的国家形态的社会——诸如意大利和美国——相比较,那个时期的所有狩猎者和采集者都处在相对简单的政治、经济和社会制度之下。狩猎者和采集者生活在人口密度相对较低的环境:平均而言,当时每平方公里的人口数量要比现代意大利每平方公里的人口数量少得多。狩猎者和采集者获取的食物很少会有剩余,或者根本没有剩余,可以储存下来以备后来食用。在绝大多数情况下,他们每天打猎或者采集到的食物,只够当天的消耗。相反,今天的意大利农民们所生产的粮食,以及从农民那里购买粮食的意大利人所储存的食物,足够他们消耗很多个星期甚至几年。大多数狩猎者和采集者都是流动的:他们并不住在永久性的房子里或者生活在镇子里,他们每天或者每隔几周就得移动他们的帐篷,跟着食物供应的季节变化迁徙。在这些狩猎者和采集者的社会中,还没有出现钱币、国王、股票市场、所得税、铜制或者钢制工具、机动车,或者原子弹。

在随后的1.3万年人类社会发展史上,所有这些复杂的制度是如何形成的?如何出现了食物储存、城镇、欧元和美元、国王和总统、股票市场以及所得税?所有这些都是复杂制度的内容。有的时候,复杂制度是优良的;有的时候,复杂制度则是不良的。但是,假如一个社会没有复杂的制度,那么,它就不可能拥有优良的复杂制度,保证这个社会发展成为富裕的社会。

历史学、考古学以及其他学科的研究表明,从根本上来说,复杂制度的形成和发展首先依赖于人口稠密且稳定的社会,其农业使得余粮储备成为可能。更确切地说,形成复杂制度最根本的原因之一是农业,而第二个根本原因是人口稠密的稳定社会,其农业生产使得余粮储备成为可能。余粮储备包括因农业和畜牧业的发展使得小麦、豆类以及奶酪的储备成为可能。这些余粮储备可用来养活从事非粮食生产的其他行业的人口,如国王、银行家、学生和教授们。因此,没有农业作为先决条件,就不会有国王、官僚、商人、发明家、中央政府、发达的部落联盟和国家、文字、金属工具、市场经济、国家忠诚（而非仅仅是家族忠诚）、受过教育的有文化修养的公民、由政府主导的法治以及大学。没有一个狩猎者或采集者的社会发展出了所有这些东西的任何一种。但是，在意大利、美国以及其他拥有国家政府的社会，公民们已经对这些习以为常。

但是，如果农业是复杂制度发展的终极原因，那么，为什么农业没有在世界各地都发展起来，以便在世界各地都促成复杂制度的形成和发展？为什么尼日利亚没有像挪威那样发展高效农业，建立良好制度？

历史学、考古学以及其他学科还向我们展示了，农业的发展在世界各地并不均衡。要知道，一个地区的农业发展需要这一地区具备可驯化、可改良的野生动植物物种。然而，野生动植物物种在世界各地的分布并不均匀。大多数野生动植物物种不可驯化或改良，比如橡树和熊就从来没有被改良和驯化过。我们可以进行改良的野生植物物种极少，包括小麦、稻米、玉米、豆类、马铃薯、苹果和其他植物。我们可以驯化的野生动物物种就更少了，包括奶牛、绵羊、山羊、马、猪、狗和其他几种动物。

那些农业发展所必需的可驯化、改良的野生动植物物种集中分布在世界上仅有的几处。有趣的是，在被称为现代粮仓的地区，诸如波河河谷、加利福尼亚、美国大平原、法国和德国种植地区以及澳大利亚小麦种植带，几乎没有可以驯化、改良的野生动植物物种。相反，在中东被称作新月沃地的地区，以及中国、墨西哥、安第斯山脉和世界上的其他几个地区，分布着可驯化、改良的野生动植物物种。人类历史的发展告诉我们，大约在这些区域中的九处，包括新月沃地在内，独立出现了农业；在当时，这些独立出现农业的区域的确拥有许多可驯化、改良的野生动植物物种。从公元前9000年的新月沃地到大约公元前2000年的美国东部地区，农业在这些区域先后独立出现。随后，农业从这些局部区域向世界其他地区分布开来。例如，在公元前5500年左右农业从新月沃地传到荷兰，约在公元前5000年农业传到意大利。直到公元后，农业才传到赞比亚。

然而，市场经济、国王、税收、文字、金属工具以及其他与文明福祉相关的发明和成就均在上述九个农业区域或者在它们附近完成。结果，包括新月沃地在内的九个农业原发地以及不久后从农业原发地迅速蔓延开来的其他地区——如意大利和荷兰，就比世界其他地区具备了向复杂制度发展的领先优势。基于此，我们不能够简单地说，古代罗马人比古代赞比亚人更聪明；而是应该说，古代罗马人的运气远比古代赞比亚人要好得多，因为种类繁多的可驯化、改良的野生动植物物种以及已驯化、改良的野生动植物物种更早地传播到了古罗马。

农业发展的这一历史结果告诉我们，在世界上的不同地区，国家这个复杂制度所经历的时间长度各不相同。在希腊和中国，国家的历史长达4000年；在意大利，国家的历史约有3000年；但是在新几内亚的某些地方，国家的历史只有30年。

很难将几千年的人类发展结果浓缩到一代之中，即使得到外国的援助也无济于事。荷兰拥有农业的历史长达7500年，而赞比亚只有2000年的农业历史。荷兰拥有文字的历史长达2000年，而赞比亚只有130年的文字历史。荷兰拥有独立政府的历史长达500年，而赞比亚拥有独立政府的历史只有40年。悠久的农业历史以及由于农业的发展而有可能产生的其他复杂制度，就是今天的荷兰远比赞比亚富裕以及今天的意大利远比埃塞俄比亚富裕的原因。

今天，即便考虑到其他变量，经济学家们得出的结论依然是，拥有悠久农业历史以及得益于农业发展而形成的悠久政府历史的国家，比那些农业历史短和政府历史短的国家享有更高的人均收入。悠久的农业产生的影响是巨大的。就国家之间平均收入差异而言，50%可以归因于农业历史的长短。研究结果显示，即使我们比较那些在近代收入依然低下的国家，像日本、中国和马来西亚这样政府历史悠久的国家的经济增长率还是要高于赞比亚和尼日利亚这些政府历史短的国家。一些政府历史很短的国家即使比一些政府历史悠久的国家拥有更加丰富的自然资源，依然不如后者经济增长率高。因此，我们更有理由说，经济增长速度更快的是那些拥有悠久政府历史的国家。也就是说，尽管拥有悠久政府历史的国家在进入现代世界的时候还很贫穷，但是它们比那些政府历史短的国家更容易赶上经济快速发展的步伐。

关于这一趋势，我们从50年前大多数经济学家做出的一系列错误的预测中看得非常清楚。20世纪60年代，韩国、加纳和以及菲律宾都是贫穷的国家。对于这三个国家在未来的发展情况，哪个国家会变得富有，哪个国家会依然处于贫困状态，经济学家们曾经打过赌。大多数经济学家认为，加纳和菲律宾将会变成富裕的国家，而韩国则会依旧贫穷。这些经济学家对于他们做出的预测是这样解释的：加纳和菲律宾都是热带国家，那里的环境有益于粮食生长，那里的自然资源丰富；相反，韩国处于温带地区，气候相对寒冷，自然资源贫乏，似乎没有占据什么有利条件。

当然，50年后的今天，活生生的现实是，韩国一跃成为经济发达国家，而加纳和菲律宾则依旧贫穷。对这一发展结局的解释是：韩国紧邻中国，中国是世界上最早出现农业、文字、金属工具和政府的人类发展中心之一。朝鲜很早就从中国接受了这些文明成就，到了公元700年，形成了统一的国家。因此，朝鲜拥有复杂制度的历史很悠久。现在，地处北部的朝鲜正浪费着历史赋予它的优越条件。地处南部的韩国独立伊始，还处于贫穷状态，但是具有创造财富所需的制度上的先决条件。它只需要独立、军事安全以及美国给予它的外国援助，原有的优势就能得到发挥。这样，韩国很快便达到了发达国家的生活水平。相反，直到公元前2000年，菲律宾才从中国那里学到了农业生产；而加纳的农业直到大约公元前3000年仍处于生产率低下的状态，并且几乎没有家畜和家禽。加纳和菲律宾直到最近几个世纪被欧洲殖民之前，始终没有形成自己的文字，没有强有力的政府。

正因为如此,无论菲律宾和加纳的自然优势如何,它们缺少复杂制度的历史,而复杂制度的历史恰恰是促使韩国迅速成为富裕国家的动因。

接下来,我们讨论最后一个涉及国家财富和贫穷的制度因素,并以此作为本章的结束。我们一定会好奇,在被欧洲殖民的500年之前,许多欧洲之外的国家曾经是它们所在区域最为富裕的国家。为什么这些国家在今天却变成了相对贫穷的国家?也就是说,这些国家经历了一个"命运的逆转":500年前曾经富裕,今天却变得贫穷。是什么导致了这一命运逆转?

经济学家达龙·阿西莫格鲁(Daron Acemoglu)、西门·约翰逊(Simon Johnson)和詹姆斯·罗宾逊(James Robinson)提供了一种解释。他们认为,这个历史性的命运逆转由欧洲殖民的不同模式所致。500年前,当欧洲人开始在全球殖民扩张的时候,他们发现,一些温带国家适宜欧洲人定居,但那里的原住民群体没有多少可供剥削的潜力——诸如美国、加拿大、澳大利亚和新西兰。欧洲殖民扩张者们还发现了一些热带国家，这些热带国家的热带疾病阻止了欧洲殖民者大规模定居下来，从事农业生产；但是，那里的确有稠密的原住民人口和丰富的自然资源，有利于开发——诸如墨西哥、危地马拉、秘鲁、玻利维亚、印度和印度尼西亚。欧洲殖民扩张主义者还发现了一些热带国家，这些国家没有稠密的原住民人口作为开发的劳动力，也没有丰富的资源可供开发；并且这里的地理和气候条件对于到这里定居的欧洲人勉强还算健康——诸如哥斯达黎加。在那些拥有足够的可供欧洲殖民者剥削的原住民的热带国家里，欧洲殖民者并没有把大量欧洲人移民过来，成为独立农民；这些少量的殖民者变成了统治群体：政府官员、士兵、牧师和商人，靠榨取原住民的财富和劳动力获利。实际上，欧洲殖民者向这些国家引入了殖民政府，这些殖民政府的制度从根本上来说就是腐败的，建立在剥削本地人民的基础之上。

殖民时代末期，这些从前富裕的殖民地实现了独立；同时，它们也从它们的欧洲殖民者那里继承了腐败的政府制度这一遗产。直到今天，这些曾经的殖民地国家依然在尽最大的努力排除政府的腐败。相反，当欧洲殖民者来到那些没有可供他们剥削的原住民的国家，这些欧洲殖民者定居下来，不得不自己从事劳动，谋得生存。他们建立了自己的政府，不是基于剥削，而是鼓励个体努力工作的政府。

关于命运逆转，中美洲的历史可以为我们提供一个具有说服力的例子。今天的中美洲分为五个国家：危地马拉、萨尔瓦多、洪都拉斯、尼加拉瓜和哥斯达黎加。当西班牙殖民者来到中美洲的时候，当时最为富裕的、人口最为稠密的地方是现今墨西哥边境以南的危地马拉。西班牙人将整个中美洲纳入总督的统治之下，总督府设在危地马拉。这个总督府的经济基础是榨取矿产资源财富和印第安人的劳动力，而它依靠的是西班牙军队和牧师。相反，由于几乎没有可供开发的自然资源，缺少可供殖民者剥削的原住民劳动力，哥斯达黎加只吸引了那些情愿自食其力的欧洲人。这些欧洲人在哥斯达黎加定居，引入欧洲模式的政府制度来管理他们自己。

也就是说，直到近代，危地马拉一直是中美洲最为富裕的地方，而哥斯达黎加则是最为贫穷的地方。当中美洲人民挣脱了西班牙的殖民统治、赢得独立的时候，中美洲起初成为一个联邦共和国；后来，这个联邦共和国分裂为我在上文说到的五个国家。今天，哥斯达黎加已经成为中美洲最为富裕的国家。哥斯达黎加的平均收入是危地马拉和其他中美洲邻国的两倍。哥斯达黎加拥有一个行之有效的民主政体，而其它的几个邻国却饱受独裁统治之苦。1948年，哥斯达黎加废除了军队。在哥斯达黎加，没有一个令人深感压抑的教会。在哥斯达黎加，腐败受到惩罚；而在其他几个邻国，则不是这样。哥斯达黎加有四位前总统因腐败问题而被投入监狱！有人可能会说："四位总统因为腐败而被投入监狱，这难道不可怕吗?"是的,这的确很可怕。但是,如果这四位腐败的总统依然自由而不是被投入监狱,这难道不是更糟糕吗?哥斯达黎加人如此总结他们的历史:"哥斯达黎加因为贫穷而受到庇佑,而我们的邻国因为他们的财富而受到诅咒。"这就是一个曾经在欧洲殖民政府统治下的殖民地区命运逆转的例子。

简言之,一些国家远比另一些国家更富裕。为什么会如此,答案是多重的、复杂的。如果有人坚持希望得到一个对于这一重要问题的简单答案,那么这个人就必须在宇宙中另找一个地方住下来,而不是生活在我们这个地球上——地球上的生活的确是纷繁复杂的。

说起原因,可以分为两个方面:一方面是我们在第一章中谈论的地理原因,另一方面是我们在这一章中谈论的政府和制度的原因。但是,这两方面的原因并非完全互不相干。良好制度并非从天而降,与地理因素毫无关系,只是碰巧落到一些很幸运的国家。相反,良好制度拥有其发展历史,部分地与农业的发展历史及其发展结果有关。这些农业的发展结果包括复杂制度(比如政府和市场)的形成。当然,复杂制度可以是优良的,也可以是不良的,我们见证了今天某些国家的不良复杂制度,以及几十年前纳粹德国的不良复杂制度。但是,一个地区,直到它建立了复杂制度,才有可能使这一复杂制度发展成为受到经济学家赞誉的优良复杂制度。

这一章的内容还提醒我们,没有任何事情可以保证财富和优良制度一成不变,持续到永久。在过去的500年间,许多曾经富裕的国家由于采纳了不良制度而经历了命运的逆转。最终导致的结果是,它们变得贫穷。今天,这一教训值得美国人、意大利人以及其他民族牢牢记住。

第三章 一

中 国

中国，一个令人关注的国家，一个举足轻重的国家，我这样说是有多种理由的。中国是世界上人口数量最多的国家。它的领土面积居世界第三位，仅次于俄罗斯和加拿大。中国是一个经济和政治正在崛起的强国。中国是世界上两个最古老的农业和文明中心之一，也是世界上三个最古老的文字中心之一。中国文化是包括日本、朝鲜在内的东亚国家以及东南亚大陆及岛屿地区所有文化的母体文化（mother culture），在一定程度上也是印度东北部地区的母体文化。

这些足以说明，中国为什么是一个令人关注和举足轻重的国家。现在，我将对中国的各个方面做一个简单的介绍，从自然地理、人民和语言，到饮食、历史以及中国的未来发展。很显然，要想面面俱到，那我就必须把这一章写得非常长。我可不想这么做。这里，我会提纲挈领，只给出简介，省略许多细节。我会尽可能告诉你们中国在近一万年的历史中都发生过哪些重要的事情。

首先，我来跟你们谈谈中国的自然地理。中国是一个地理环境差异巨大的国家。它拥有世界上面积最大、海拔最高的高原：青藏高原。在世界上最高的山峰中，中国拥有好几座。世界上最长的六条河流中，有两条在中国境内：长江和黄河。中国的生态系统很多样化，从冰川和沙漠到热带雨林、草原和湖泊。在中国境内，北部地区的气候干燥，与南部地区相比，降雨量有明显差异。中国的南部地区与越南、泰国以及其他国家同属于东南亚的热带雨林气候，覆盖热带植被，几乎包括了所有热带雨林树种和季节森林树种，没有沙漠或冰川，也没有高大的山脉。

欧美人容易忽略，中国的疆域从南到北，其距离极其遥远。中国的最北部为北纬53度,而最南部约为北纬3度。

从地理上看,中国与欧洲最为明显的差异是:与中国相比,欧洲的地理结构更多地表现为区块化。也就是说,欧洲的主要河流是从阿尔卑斯山脉流出,这些河流的流向呈辐射状。每一条河流流经的区域都孕育了不同的人民,形成了各自的语言和文化,如波河流域的意大利人、罗讷河流域的法国人、莱茵河流域的德国人、多瑙河流域的匈牙利人和斯拉夫人。但是在中国,两条主要河流的流向呈平行状,历史上很早就有运河将这两条河流相互连接。中国没有大的半岛,而欧洲则有许多大的半岛,如意大利、希腊、西班牙和斯堪的纳维亚半岛。每一个半岛都孕育了不同的人民,形成了不同的语言,建立了不同的国家。欧洲有两个大的岛屿,不列颠和爱尔兰。而中国则没有大的岛屿,最大的岛屿仅相当于西西里岛和撒丁岛。欧洲大陆被阿尔卑斯山脉、比利牛斯山脉以及意大利的亚平宁山脉等高山分割成一块块区域。在欧洲这些被高山分隔开的地区形成了不同的民族,不同的语言，不同的国家，如意大利和德国被阿尔卑斯山脉分隔开，西班牙和法国被比利牛斯山脉分隔开。在中国则相反，中国的核心区域并没有被高山分隔开。在本章后面的段落中，我将做进一步的阐释，为什么欧洲块状地理结构（geographic fragmentation）和中国一体性地理结构（geographic unity）对于欧洲和中国之间形成的历史性差异起着重要作用。

中国人属于东亚人，从体质人类学的角度来看，与欧洲人存在差异。中国人大都长着黑色直发和黑眼珠，他们当中很少人长着金发或者红发，也少有人的眼珠是蓝色的或者绿色的。中国人大多在年纪非常大的时候，头发才会变成灰色或者白色。这时，他们的年龄远比欧洲人的头发变成灰色或者白色时的年龄要大许多。中国人的体毛稀疏，男人的胡须也并不浓重，面孔相对扁平一些，颧骨高。

任何一位到过中国的欧美人——或者认识很多中国

人的欧美人——都会注意到，在中国，北方人和南方人之间在体貌上有很大的差异。北方中国人的长相与西伯利亚人、蒙古人、日本人和朝鲜人很相像。他们的眼睛细长，边缘整齐。南方中国人个子相对矮一些，眼睛不像北方人的那么细长。南方中国人的长相更多地与东南亚热带地区的人相像。

多数东南亚人与中国的南方人长得很相像。但是，还有一些长相并不像中国人的人群零零散散地分布在东南亚，他们倒更像新几内亚人：皮肤黝黑，头发卷曲。这些人包括马来西亚的塞芒人、安达曼群岛人以及斯里兰卡的维达人。这些长得像新几内亚人的黑皮肤人分布在东南亚的各处，他们是东南亚地区的原住民。现代新几内亚人和澳大利亚原住民就是这些人的后裔。在过去的5000年间，这些长得像新几内亚人的东南亚原住民大部分被中国人所取代。

现在，让我们来谈谈中国和东南亚的五个语系。

最大的语系叫汉藏语系（Sino-Tibetan language family）。属于这一语系的大约有10亿人，包括我们欧洲人和美国人常常称之为中文的语言，而中文实际上是由多种不同但相互关联的语言组成，其中最大的是汉语普通话。不同于意大利语和英语，中文被称作声调语言（tonal language）。也就是说，一个中文词的意思取决于你在说这个词的时候所采用的声调。汉藏语系中其他声调语言还有藏语和缅甸语。

第二大语系被称作南亚语系（Austro-Asiatic language family），拥有6000万使用者，片状零散地分布在从越南到印度的西北部地区。南亚语系中最为人知的语言是越南语和柬埔寨语。除了越南语采纳了汉语的声调以外，南亚语系的语言基本上不属于声调语言。

第三大语系是壮侗语系（Tai-Kadai language family），使用者有5000万。壮侗语系中最大的语言为泰语，为泰国的官方语言。壮侗语系的语言也是声调语言，像汉语而不像意大利语。

第四大语系是苗瑶语系（Miao-Yao language family），是五大语系中最小的语系，共有五种语言，使用者只有600万人，零散地分布在从中国南方到泰国的十几处小区域里。其中在欧洲和美国最为人知的当是苗族人，因为越南战争之后，许多说苗语的人以难民身份来到美国和欧洲。

最后一个提到的语系是南岛语系（Austronesian language family）。这是一个使用人数不少并且重要的语系，包括印度尼西亚语和菲律宾语。但是，南岛语系几乎没有出现在亚洲大陆上，只在马来西亚和越南的沿海地区找到了立足之地。

现在，让我们来谈谈中国的饮食。中国的烹饪技术享誉世界，很有特色，菜肴也非常可口。人类改良、驯化野生植物和动物，使它们逐渐进化，成为适宜人类耕种的农作物和饲养的牲畜和家禽。这样，便产生了农业。农业只在世界上为数不多的区域独立出现。

中国是世界上仅有的几个农业独立出现并发展起来的地方之一。中国很早就有了农业，几乎跟新月沃地一样早。古代中国农民经过进化、改良后种植的庄稼和经过驯化饲养的家畜和家禽与古代新月沃地的农民经过进化、改良后种植的庄稼和经过驯化饲养的家畜和家禽一样，都对后世产生了巨大的价值。在中国，最早耕种的农作物是水稻、小米，最早饲养或驯养的家畜是猪、狗，家禽是鸡。后来，中国农民又驯化了其他动物，特别是水牛、鸭子、鹅和蚕。此外，他们还逐渐改良了其他有价值的农作物，包括大豆和其他豆类植物，橘子和其他柑橘类水果植物，以及茶树、杏树、桃树和梨树。

现在，让我们来谈谈中国的史前史。最初的人类出现在非洲。大约在600万年之前，人类沿着自己的进化过程，最终与黑猩猩分离，成为人类。后来，原始人类走出非洲，逐渐向欧洲和亚洲迁徙和扩散。在中国，考古学家们发现的最古老的人类化石位于北京附近，因此这一发现被命名为"北京猿人"(Peking Man)。这个名称的英文采用了从前欧洲人对北京(Peking)的英文拼写和发音，而不是现在的英文对北京(Beijing)的拼写和发音。"北京猿人"属于原始人类物种，被称作"直立人"(Homo erectus)。

在中国大地上繁衍生息的古老的"北京猿人"是否进化为现在的中国人，或者"北京猿人"是否完全被7万年前从非洲迁徙出来并扩散开来的晚期智人(modern Homo sapiens)所取代？对此，学界一直存有争议。有一个线索就是，考古学家在这些古老的"北京猿人"化石上发现了铲形门齿，像现代的北方中国人。这就意味着，从非洲迁徙出来的晚期智人在中国遇到了"北京猿人"的后代，与他们通婚，逐渐成为现代中国人。同理，从非洲迁徙出来并扩散开来的晚期智人与中东的尼安德特人(Neanderthal)通婚。其结果便是，现代的美国人、欧洲人和亚洲人，通常都有尼安德特人的基因。但是，只有北方中国人才有"北京猿人"的基因。

1万年以前，中国的农业发展促进了人口的快速增长，人口的快速增长又促进了金属工具的使用、国家和帝国的建立以及文字的发展。这些也与新月沃地区域一样，都是独立发展起来的。中国和新月沃地都产生了世界上最古老的文字，但有趣的是，这两个文明发祥地的先民在使用文字的方式和目的方面却各不相同。在新月沃地，这些古老的文字被划刻在烘焙过的粘土上，显然是用来标记羊的数量、小麦的收获情况以及其他农产品的数量。而在中国，最古老的文字是被刻写在动物骨头上，骨头上的裂纹和刻写的文字不是为了标记羊的头数以及其他农产品的数量，而是用来占卜。

公元前221年，秦始皇统一了中国，中国第一次在政治上达到了统一。秦始皇统一中国以后，认为前世之事、之物无用且无益，所以，他下令将所有先前的书卷付之一炬。这对于我们了解中国的历史知识来说的确是一大憾事。这就好比亚历山大大帝断言，在他那个时代之前发生的事情都是毫无价值的，所以他命令将《圣经·旧约》(*Old Testament*)、《伊利亚特》(*Iliad*)、《奥德赛》(*Odyssey*)以及哲学家柏拉图的《柏拉图对话录》(*The Dialogues of Plato*)全部烧毁。

大约在公元前2500年，中国的农业正在稳步发展，帝国体系也逐渐健全；然而，直到这一时期，东南亚热带地区的居民们依然处于狩猎和采集食物阶段。这些靠狩猎和采集食物生存的居民们，其长相很可能与现代的新几内亚人和澳大利亚原住民相像。从公元前2500年开始，中国农民向东南亚热带地区扩散。在那里，他们逐渐取代了当地那些长相类似新几内亚人的原住民，使得原住民的分布区域逐渐缩小。在今天的东南亚地区，人们只能在很少的几处聚居地还能看到长得像新几内亚人的原住民。也许，这些向东南亚地区扩散的中国农民们将他们的语言也带到了这一地区，逐渐形成了现代的汉藏语系、南亚语系、壮侗语系和苗瑶语系。

今天，我们从东南亚地区的社会生活中可以看到印度的重要影响。东南亚的文字系统是由印度文字派生而来，印度教和佛教等亚洲宗教也起源于印度。然而，东南亚的农业和文明却是起源于中国，大概最早出现于公元前2500年。直到公元前500年，印度的影响才开始波及到东南亚地区。同样的道理，在意大利和欧洲其他地方，农业和文明一开始并非在本地独立出现，而是源自新月沃地。

从这种意义上讲，农业的产生、帝国的建立、金属工具的使用以及文字的应用，从时间上来看，中国几乎和新月沃地一样早。中国很早便产生了农业和文明，种植种类繁多的农作物和饲养家畜、家禽，拥有众多的人口，以及很早就形成了统一帝国，所有这些都是古代中国拥有的巨大优势。这些优势的结果是，在中世纪，中国在技术方面居于领先地位。这些先进的技术包括：带有闸门的运河，铸铁锻造，深井钻探技术，火药，风筝，指南针，印刷术、造纸术和活字印刷术，船尾舵，以及独轮车。很明显,中古时期的中国在科技上引领世界的发展。

为什么中国会失去领先地位?为什么是欧洲人向欧洲以外扩张并征服了世界,而不是中国人向外扩张并征服世界呢?假如中国人始终保持中古时期的优势,他们极有可能征服意大利和欧洲其他地方并将这些地方变为自己的殖民地。那样的话,现在的意大利人在相互交流的时候,应该说的是汉语普通话,而不是意大利语。反过来说,为什么在今天的罗马,人们讲意大利语而不是汉语普通话?这就引出了一个问题:为什么中古时期的中国失去了其世界领先的地位,没有将整个世界变为其殖民地?这一问题是世界历史中最大的未解难题之一。

关于这一问题,有许许多多不同的推论。在我看来,在中国的中古时期,中国郑和率领的"宝船船队"所发生的事情可以为我们提供一条有价值的线索。在1405年至1433年间,中国皇帝先后七次派出船队,由伟大的航海家郑和指挥。这些船队非常庞大,装备精良,在海上航行的规模气势恢弘。相比之下,哥伦布率领的船队规模则要小得多了,他只有三艘不大的船;尽管如此,他还是靠着这三艘船横穿大西洋,从欧洲到达美洲。中国的宝船船队由多达 2.7 万名船员组成,拥有几百艘船只,每艘船都有一百多米长。船队经过印度尼西亚,沿着东南亚海岸向印度行驶;然后,穿过印度洋,到达非洲东部海岸。在完成了这七次大规模的远洋航海之后,这支庞大的船队似乎设计的下一次航海目标是要绕过非洲最南端的好望角,沿着非洲西海岸向北航行,发现欧洲大陆,开始中国人对欧洲的征服。

但是,中国人征服欧洲这件事从未发生过。宝船船队的第八次远洋航行从未成行。为什么?

对这一问题的解释是这样的。在中国,唯一能够发出命令派出如此规模宏大船队的人只有皇帝本人。皇帝身边的臣子——就像欧洲皇帝和国王身边的人一样——对这些耗资巨大的船队的远洋航行是否有价值产生了质疑,甚至怀疑远洋航行只是在浪费国家财力。1433 年,朝廷中反对继续派遣船队进行远洋航行的势力占据上风，皇帝也就没再颁布圣旨，继续派出船队进行远洋航行，第八次航海因此未能实现。不仅如此，皇帝还下令关闭了造船厂，禁止船只驶出海港，在海洋上航行。

欧洲的国王们时而也会做出类似的决定，禁止耗费巨资来组建昂贵的船队。不同的是，欧洲有好多国王。而在中国，只有一个皇帝。只有那个唯一的皇帝有权决定，并颁诏停止宝船船队继续航海。这一决定的意思很明确，中国的远洋航行就此结束了。

现在，让我们来做个比较，看看与中国的宝船船队突然终止继续远洋航行相比，欧洲的航海探险情况有什么不同。欧洲大陆被分割成多个国家，有数十个诸侯、国王和皇帝，他们都有权决定组织船队，进行远洋探险。哥伦布是意大利人，他有一个想法，就是要弄到三艘船，向西方航行，穿过大西洋到达亚洲。意大利的诸侯们对他说："你是个疯子。"随后，哥伦布请求一位法国公爵为他提供船只，这位法国公爵说："这真是荒唐透顶！"

哥伦布下一个请求的对象是葡萄牙国王,葡萄牙国王笑而不语。哥伦布又跑到一位西班牙公爵那里,西班牙公爵说:"多么愚蠢的想法呀!"哥伦布又跑去游说西班牙伯爵,西班牙伯爵尖叫起来:"这简直是挥霍宝贵的黄金!"哥伦布只好又去请求西班牙国王和王后,希望他们能为他提供船只,这是哥伦布的第六次游说。起初,西班牙国王和王后听了哥伦布的想法后也拒绝了。但是,哥伦布并不想放弃,还要继续向他们阐释自己的想法,请求他们的支持。当哥伦布又去找西班牙国王和王后的时候——也就是哥伦布的第七次游说,他们终于松口了,答应给哥伦布三艘小船。后来的结果我们都很清楚:靠着这三艘小船,哥伦布发现了美洲新大陆;他返航回到欧洲,把他的经历公诸于世。在哥伦布之后,西班牙派出了其他的船队,其他的欧洲国家也派出了船队,航海探险。有些船队在新大陆发现了金子和银子。从此,一大批欧洲探险者涌向新大陆。

简言之,欧洲大陆上多个国家并存的局面为哥伦布提供了机会,他可以向许多公爵、伯爵或国王请求支持。也就是说,欧洲大陆多国并存的局面予以那些想成为探险家和发明家的人们许多机会,让他们更有可能获得支持。相反,由于中国是一个统一的国家,在中国就只能向一个人请求支持——皇帝。假如中国的皇帝答应了,那么中国的探险家必定会得到很大的支持;假如中国的皇帝拒绝了,那么中国的探险家就不会再有机会了。

这就是我的解释,说明为什么中国没有做到开拓世界并征服世界,而欧洲做到了。其中的原因就是,中国在最近的这两千年里,绝大多数情况下处于一个政权统一的状态;但是欧洲在历史上从未成为一个统一的国家,甚至像奥古斯都、查理曼大帝、拿破仑和希特勒这些在军事和政治方面都堪称天才的人物都没能将欧洲统一为一个国家。

中国容易形成统一的国家,而欧洲不具备统一为一个国家的条件。给出如此结论的理由就是:地理。欧洲的半岛、山脉、岛屿以及河流,这些地理因素使得欧洲被分割成许多具有不同政治体系的部分。中国缺少半岛、大的岛屿，没有横亘在中心的山脉以及辐射状流淌的河流，这些地理因素使得中国易于形成并保持统一的政治体系。统一的政治体系有时会带来有利条件，有时则会成为不利因素。统一的政治体系带给中国的影响是，中国的历史总是在一条主线上前后摇摆着向前发展。但是对于欧洲来说，几十个国家里的数百个诸侯意味着可以有几百次或者至少数十次尝试。纵观历史，欧洲最终会在有些国家出现成功的发明家或探险家，随后其他国家会效仿成功者，在中国则不然。中国历史是一个摇摆不定的历史，而欧洲历史则不是这样。

最后我们来谈谈，今天的中国将会发生什么变化。

为了更好地理解中国在世界上的重要性，让我们先来明确"国家影响力"这个概念。一个国家在世界上的影响力——一个国家消费的资源总量，或者说，一个国家生产的产品总量——是两个变量的结果。国家影响力等于这个国家的人口数量乘以人均消费率或者生产率。

中国是世界上拥有最大人口数量的国家。眼下，中国人均消费率和生产率还很低。但是，中国的经济发展迅速，是世界上经济增长最快的大国之一。假如中国赶上发达国家的人均消费率标准，那么意味着，中国巨大的人口数量将使得全球石油消费总量翻一番。但是，尽管现在中国的石油消费还远低于发达国家的标准，全球石油供应已经出现竞争。假如中国人均金属耗量也赶上发达的标准，那么全球金属耗量也会成倍增长。

中国现今在某些方面已经是全球最大或者第二大消费国或者生产国。中国已经成为全球最大的煤炭生产国和消费国；中国是全球最大的钢材、水泥、电视机以及水产养殖品的生产国；中国是全球最大的化学肥料消费国，是全球第二大二氧化碳释放国，第二大热带雨林木材进口国，第二大农药生产国和消费国，第二大电力生产国，第二大能源和石油消费国。全球鱼类和海产品消费中的三分之一是在中国消费的。

以上罗列的这些都是事实，虽然今天中国的人均消费率和人均生产率依然远远低于发达国家的标准。假如中国赶上发达国家的消费率和生产率，中国对世界的影响力将是巨大的。

中国业已遭遇严重的环境问题和污染问题。在中国受到污染的空气和粉尘被吹到朝鲜、日本、加拿大和美国。中国的机动车数量爆炸式增长。在中国，空气质量和饮用水质量非常差。中国的海洋受到污染。中国还遭受着严重的土壤侵蚀。中国北方已出现了严重的缺水现象，一些大的河流在有的季节里会出现断流现象。

这些就是在中国这个庞大的统一国家里发生的一些糟糕的事情。无论何时，当意大利政府做出一项错误决定的时候，都会伤害到6000万意大利公民。但是，如果中国政府做出一项错误的决定，将伤害到13亿多人民。有时候，中国的某些决定是明智的。例如，中国政府很快就采取措施，一年之内去除汽油中的铅，而这一决定在美国用了10年的时间。1998年，中国政府颁布法令，在全国范围内禁止砍伐原始森林。然而，中国政府也曾出现过一些可怕的失误，例如一度忽视企业污染环境。

换句话说，中国的历史曾经一直处于前后摇摆状态。它曾先后派出七支宝船船队进行远洋航行，但又一下子全部停止了远洋航海活动。时至今日，中国依然处于变化莫测的状态。结果会如何呢？

我个人的推测是，意大利和美国实施的民主制度要比中国的制度更为稳定。当美国人民或意大利人民考虑民主政府正在做的事情是否可行的时候，我们都很容易对民主变得厌恶和悲观。但是，让我们记住温斯顿·丘吉尔所说的话。当有人向丘吉尔说民主是一个柔弱的、优柔寡断的政府形式的时候，丘吉尔的回答是："是的，除了我们已经尝试过的所有政府形式之外，民主的确是最糟糕的政府形式。"

鉴于此，我给出的推测是，中国当前还在追赶欧盟或者美国。但是，在未来的几十年里，我们都会看到问题的答案。

第四章

一

国家危机

个人以及国家经历危机，通过个人或国家做出有选择的改变，这些危机可能会成功得到解决，也可能无法解决。关于如何解决个人危机，我们可以找到大量的书籍和文章。解决个人危机得出的结论对于解决国家危机是否也有一定的借鉴作用？国家危机又有哪些与个人危机不同的特征呢？

为了简明清晰地说明个人危机与国家危机之间的差异，我先讲两个故事。在我能够回忆起的最早的童年记忆中就有"椰树林夜总会大火"（Coconut Grove fire）这件事。发生"椰树林大火"的时候，我刚满5岁。1942年11月28日，波士顿一家名字叫"椰树林"的夜总会里挤满了人。突然间，在夜总会里发生大火，唯一的出口也被烟火堵住了。夜总会里有492人被活活烧死，或因吸入大量烟尘致死，或因踩踏而死。在波士顿的医院里，人特别多，拥挤不堪——到处都是大火造成的烧伤病人和危重病人。除此之外，还有因火灾而产生心理上和精神上病痛的患者：罹难者的亲属们在精神上备受煎熬，想着他们的丈夫、妻子、孩子或者兄弟姐妹的惨死，不禁悲痛欲绝；火灾的幸存者们则受到了巨大的精神创伤，内心充满负罪感，因为他们自己还活着，而曾经跟他们一起在"椰树林"夜总会里的那几百号人却都死去了。那天夜里直到22点15分，所有在"椰树林"夜总会的人都还安然无恙，正在欢度感恩节的周末，观看橄榄球比赛，享受战时的假日。而到了23点，在"椰树林"夜总会里的大多数受害者已经死去，这一刻注定成为逝者亲人的人生转折点。亲人们失去了他们生命中至关重要的成员，他们的生活被打乱了，他们的人生轨迹发生了转折。他们自己还活着，而他们心爱的人已经死去，这些想法令他们产生负罪感。他们不再相信这个世界是公平的。在这些罹难者的亲属和这场火灾的幸存者中间，有一些人终生处于精神创伤的煎熬之中而无法自拔，或者遭受着身体残疾带来的痛苦，有的人甚至选择了自杀。然而，大多数失去亲人的亲属和火灾的幸存者在经历了最初数周因无法接受失去亲人的现实而痛苦万分之后，开始了漫长的恢复过程：重新审视生存的价值，重新规划他们的生活，他们逐渐发现，生活并不是被彻底摧毁了。他们中的许多人再次结婚。尽管如此，甚至对于那些身心都恢复得最好的人们来说，他们在"椰树林夜总会大火"事件过去几十年之后形成的身份当中依然摆脱不掉它所带来的心理阴影，而危机之前的身份则不复存在。

这是个人危机的一个极端案例。现在，再来说说国家危机的一个案例。20世纪50年代末60年代初，我生活在英国。当时，英国正在经历着一种缓慢的国家危机。其实在那个时候，无论是我还是我的英国朋友们都还没有充分意识到危机正在形成。那个时候，英国在科学方面处于世界领先地位，拥有丰富的文化历史，而且是显得傲慢的、具有英国特色的文化历史；英国当时依然享受着财富、帝国以及主宰世界的泽慧。遗憾的是，英国也开始出现了经济疲软现象，曾经的大英帝国逐渐瓦解，失去了霸权地位，在欧洲的主导角色受到冲击，长久以来的阶级差异问题仍未得到解决，移民潮问题又接踵而至。1956年至1961年间，英国国内外的各种矛盾到了最为严峻的关头：英国报废了所有剩余的战舰，经历了本国第一次种族骚乱；同时，在苏伊士运河危机过程中，英国清楚地意识到，自己已经完全丧失了作为世界强国独立采取行动的能力。这些冲击引发了英国人民和政治家关于英国身份和角色的激烈争论。50年后的今天，英国的自我形象就是一个新自我和旧自我的拼合体。英国摆脱了帝国的局囿，加入欧盟，成为一个较为宽容的多民族社会，实施福利国家制度，并通过由政府开办教学质量上乘的学校来减少阶级差异。虽然现在的英国依然属于富裕国家，但它却再也没有重新获得它的世界海上霸权地位和世界经济的主导地位。尽管如此,英国依然实行君主立宪制下的议会民主制度,在科学技术方面依然居于世界领先地位;同时,英国依然保留自己的货币——英镑,而没有使用欧元。

这两个故事勾勒出这一章的主题。危机以及改革的压力摆在人民面前,摆在各级各类团体面前,从个人到整个国家,甚至整个世界。出现危机可能有各种情况。危机可能源自外部压力,诸如被配偶抛弃或者丧偶,或者一个国家对另一个国家的威胁。危机也可能源自内部压力,诸如发现自己随着年龄的增长而发生变化,或者一个国家的经济发生改变。要想成功应对这些源自外部的压力和源自内部的压力,需要做出选择性的改变。国家和个人都需要做出这样的选择。

就危机而言,以上提到的是个人和国家之间相似的地方。但是,二者之间还是存在着明显的不同。比如说,个人危机常常能够很快得到解决。国家危机牵涉到包括领导权、集体制定决策等问题,这些都不会出现在个人身上。而且，国家危机还可能会涉及暴力革命或者和平演变。

让我们先来谈谈个人危机。在我们的一生中，绝大多数人都会经历至少一次严重的个人危机，也就是说，在某个时候，我们发现我们自己面临着一个挑战，而我们采用惯常的办法却难以应对它，我们对自己的身份、核心价值和世界观都产生怀疑。对于我们大多数人而言，个人危机一般不会像"椰树林夜总会大火"事件那样，出现在报纸的头条，但是，对于当事者来说，这种危机犹如天崩地裂。最为普通的个人危机主要是人际关系问题，如夫妻离婚或者亲密关系破裂。另外一些造成个人危机的常见原因有：亲人或爱人离世；由于自己或者亲人、爱人被确诊得了严重疾病而对未来产生怀疑，对世界的公道性提出质疑；工作上出现的一些事情，如被解雇或者退休；主要经济来源受到阻滞；或者是中年危机，认为一个人一生中最好的时光已经逝去，还要在余生中努力奋斗来继续实现自我价值。

我们都很清楚,每个人经历的个人危机不一样,其结局也各不一样。在最理想的情况下,人们成功地接受了新的价值观,以更加强势的状态出现。最坏的情况是,人们彻底崩溃,找不到任何应对现状的新出路,甚至自杀。

心理咨询师或者心理治疗师要如何应对一位正在经历着个人危机的人呢?长期心理咨询或心理治疗这种传统的方法侧重慢性问题,很显然不适合处理个人危机问题,因为传统方法太过缓慢。相反,危机心理治疗必须侧重迅速出现在眼前的危机本身。"椰树林夜总会大火"事件之后,火灾的幸存者们及亲属们的心理伤害远未结束,波士顿的心理治疗师和心理咨询师们被患者们反映出来的各种各样的心理问题所困扰。也正是在这样一种需求之下,危机心理治疗方法才初具雏形。随着时间的推移,危机心理治疗渐臻完善,形成了危机急性期六周疗程,每周一次,每次一小时。这六周恰好是一个危机持续时间最严重的阶段。

当一个人一开始陷入危机之中的时候，常常会有一种无助的感觉，觉得事事都不如人意。因此，心理治疗的第一步骤就是克服这种无助感，专业上称之为"建起围墙"（building a fence）。这一术语的意思是，挑出的确做错了的具体事情。这样，人们才能够说："在围墙里面的事情才是出现在我生活中的特殊问题，但是，在围墙外面的所有事情都是正常的。"随后，人们便可以开始一个选择性改变的过程，来处理围墙里面那些特殊问题。只有这样做才是行之有效的，因为人们往往以为需要做出彻底的改变，并因此而感到无助，但是，彻底改变是做不到的。

危机心理治疗师们已经意识到，有一些预测因素，预示一个人或多或少都有可能成功战胜危机。这些因素包括：

- 性格的灵活性特征，而不是刚愎死板；

- 某种被称作"自我力量"(ego strength)的概念，与自信相关；
- 由于过去曾经成功地做出选择性的改变而产生的特定的自信心；
- 一个人在成长阶段是否享有自己做出选择的自由；
- 拥有选择的自由，不受严重的现实问题所限制，如金钱和身体问题；
- 对不乐观的前景以及对失败有忍受能力，因为一个人首次尝试寻找解决问题的方法不一定就会成功；
- 有堪称楷模的朋友——曾经历过并成功走出阴影，从他们身上学到如何解决自己的问题；
- 来自朋友的精神和物资方面的支持。

现在，让我们把话题转到国家危机上，我先来举一个例子。在1868年至1912年日本明治维新时代，日本的发展堪称是一个成功进行巨大选择性变化的现代精彩案例。1853年，美国军舰在海军准将马修·佩里的率领下抵达日本，引发了日本的危机。佩里要求签署一纸条约，终止日本几个世纪以来采取的闭关锁国政策。在接下来的几年里，西方的军舰对日本港口进行狂轰滥炸。对于日本人来说，外部的威胁意味着统治日本的军事首领——幕府将军——难以保护日本免受西方的侵略。日本面临着中国刚刚遭受的厄运——军事上惨败，被迫签署耻辱条约。因此，一群年轻的日本改革派推翻了幕府将军的统治，恢复了名义上的帝制，明治登基成为年轻的天皇，开始实施紧急改良方案，宗旨是使日本在军事和政治方面赶上西方。

随之而来的变化是巨大的，但却是有所选择的。日本废除了封建制度，解除了日本武士的私人武装，摒弃了复杂的等级制度。日本实行了全民教育，确定了国旗，实行公务员考试，建立了内阁负责的立宪政体，启动工业化进程，兴建铁路，建设电讯网，安装煤气路灯，发展训练有素的军队，实行普遍兵役制，允许土地私有，以及引进西方的音乐和戏剧。日本大规模借鉴和学习西方，在各个领域寻找最有成效同时也是与日本价值观最为兼容的西方模式。例如，在明治维新时期，欧洲国家当中，英国和德国分别拥有实力雄厚的海军和陆军，所以，日本海军在英国的帮助下重建，而日本的陆军则是在德国的帮助下重建的。日本的新宪法仿照德国的宪法，而不是美国的宪法，因为德国宪法以强有力的皇帝形象为基础，与日本的传统相符合。日本的刑法法典以法国刑法法典为模板，商法法典则是以德国商法法典为蓝本。日本的全民教育制度虽然仿照西方的教育模式，但它的最终目的是向日本民众灌输日本的文化价值观。在进行这些巨大变革的同时，许多日本传统被保留下来，诸如效忠天皇，对天皇的神圣崇拜，信仰神道教、儒教，保持孝道传统，保留日本文字体系而不是采用西方的字母形式。这些例子不一而足，使得今天的日本成为发达国家中最具独特性的社会。

从1874年开始一直到1914年，日本实施海外军事扩张计划。这一计划显现出日本的野心，但同时可以看出这一计划是在可实现的范畴。日本恰到好处地借鉴了欧洲的模式以为己用,同时保持其现实可行性。当时的日本决策者之所以能够成功地做到这些,一个关键的因素是,被送往欧洲国家留学的年轻日本维新派们回到日本以后受到委任,负责其学有所长的职能部门。

日本明治维新时期的历史对于我们具有启发意义。在危机心理治疗师们看来,从日本明治时期的国家变革中可以找到至少六个因素,对于成功地改变个人至关重要。这六点因素包括:

- 首要一点,建起围墙:许多日本当权者意识到,有些方面必须做出改变,但同时,他们也坚信,日本并不打算全盘接受西方模式。
- 第二点是,日本坚定不移地保留一些自己的核心价值,如效忠神圣天皇,恪守日本的文化价值。
- 第三点是,在成功的背后,体现出日本人自强不息的力量，一种对日本的独特性和优越感的信心。
- 第四点是，日本愿意学习西方的教育模式、政府建构、工业化、陆军、海军，以及其他方面。
- 第五点是，美国、英国、法国以及德国给予日本很大支持，诸如接受、教导以及训练日本海外使团。
- 最后一点是，日本作为一个岛屿国家，拥有相当大的选择自由，因为日本并没有因为与邻国共有陆地边界而受到束缚，日本的邻国中没有一个与之共有陆地边界。

这是一个成功解决国家危机的案例。我们还可以想到许多案例，说明国家面临危机后，是如何不同程度地解决危机的。比如：

- 英国在第二次世界大战之后，着手处理经济衰退、社会不满以及大英帝国的终结等问题。
- 意大利在其复兴运动时期，第一次世界大战之后，以及第二次世界大战之后努力处理出现的各种问题。

- 德国在1848年、1870年和1968年,一直致力于处理国家统一和重新统一的问题。
- 法国发生暴乱,促成戴高乐在1958年上台。
- 澳大利亚自20世纪60年代开始,逐渐脱离了英国的束缚,减弱了对英国的认同,并且,在国内结束了"白澳政策"。
- 美国在1933年的总统选举中,罗斯福当选总统,当时的美国正处在经济危机最为严重的时期,随后便发生了珍珠港事件。
- 智利在阿连德总统和皮诺切特将军掌权时期的政局动荡等问题。

这些国家危机的表现各不一样,存在着极其明显的差异:

- 1848年发生在德国、1848年以及1966年发生在印度尼西亚的危机引发了暴力革命,但是,第二次世界大战后发生在英国或澳大利亚的危机则并没有引发暴力革命。

- 有时，发生国家危机的导火索源自外部。就日本而言，发生危机的起因源于海军准将佩里的访问，而澳大利亚的危机则是由于英国的军事和商业援助逐渐减少。

- 但是，有时发生国家危机的诱因来自内部。英国工党于1945年掌权，社会改革的需求成为英国发生危机的一个内部诱因；而在20世纪60年代的西德，学生抗议活动使得危机达到顶点，社会民主党在德国战后首次获得了总理的位置。

- 无论结果如何，一位卓越的领导者总会在危机过程中起到非常重要的作用，例如19世纪50年代加富尔统治下的意大利，19世纪60年代俾斯麦统治下的德国，1972年后在皮诺切特将军统治下的智利，以及自1965年开始在苏哈托统治下的印度尼西亚。

- 但是，在日本明治维新时期，没有出现独具权威的主导人物；在英国，1945年至1979年处于多变时期，也没有出现类似的人物。

- 在1945年的英国以及在高夫·惠特拉姆（Gough Whitlam）短期担任总理的澳大利亚，发生了涉及范围广泛、观点统一的变化。除此之外，发生在这两个国家的变化都是零打碎敲的，并没有以统一的认识为基础。

- 第二次世界大战后的英国从处理1940年军事危机的成功经验中受益，而独立后的印度尼西亚却没有领导民族政府的经验。

- 明治维新时期的日本，作为一个没有陆地边界邻国的岛国，拥有相当大的行动自由。

- 美国在1932年和1941年的危机期间也拥有足够的行动自由，疆域的东西两边分别都有海洋，南北两边则是人口数量不多的邻国。

- 但是，德国与十几个国家为邻，其中不乏实力雄厚的邻国。其结果是，德国自1848年以来每次遭遇危机的时候都受到严重的束缚。意大利亦是如此，受制于多个邻国。

所以，国家危机之间存在着重要的差异性。

现在，让我们应用这一框架来谈谈美国越来越多的问题。大多数美国人会说，我们现在没有处于危机状态。但是，美国已经出现了明显的警示性迹象。

我再强调一下我的观点，我并不想抨击美国，说美国在各个方面都正在走下坡路，而中国则势必成为下一个世界强国。其实，中国面临着比美国更为严重的问题。美国享有巨大的优势：美国拥有世界上最大的经济体、世界上最强大的军队，以及世界大国中最高的人均国民收入。

美国的人口数量居世界第三位。世界人口数量居第一位的是中国，第二位的是印度，第四位的是印度尼西亚，这三个国家的人均国民收入均远远低于美国，因而其经济规模也比美国小得多。地理赐予美国最丰厚的不动产：美国本土的48个州全部地处北温带，属于农业物产丰富地带，并且从公共卫生角度来看又是最安全的地带；美国拥有肥沃的土地，泽益于不停的冰川运动而形成；美国大部分地区拥有适度的降雨量；美国拥有漫长的海岸线以及可通航的河流，保证了廉价的海运。美国还拥有悠久的、从未间断的民主历史，正如如温斯顿·丘吉尔所言：尽管民主有诸多缺点，但是排除了我们在不同时期已经尝试过的所有可选择的政府形式之后，民主才是最差劲的政府形式。美国实行的联邦制允许有50种不同的实践，以便从中找出哪些形式是最有成效的。美国始终对军队实施政治控制。按照世界标准，美国政治腐败相对低。美国还有人力资本投资的历史。

也就是说，美国享有许多巨大的优势。但是，国家会浪费其优势，就像阿根廷那样。有迹象表明，今天的美国可能正在浪费其优势。这些迹象中最为引人关注的是四个方面,这四个方面相互关联,正在导致美国民主走向衰退——但是,民主一直是美国的历史优势之一。

这四项具有警示意义的迹象之一是日益严重的政治妥协,特别是在最近这十年。尤为明显的表现是,联邦政府处于僵局状态。在近些年的国会当中,2013年的国会通过的法律是任何一届国会中最少的。让人莫名其妙的是,为什么美国比其他民主国家在政治妥协方面经历更快的衰退。推测其原因,包括电视机和因特网以及手机短信的普及,导致人们之间面对面的交流缺失;发达的航空交通工具让国会议员们可以在周末回到各自家乡所在的那个州,而不是留在华盛顿,像从前一样进行相互之间的社会交往;我们现在的趋势是通过电视这个意识形态的壁龛来获取信息。但是,所有这些交流方式也为欧洲、加拿大、日本和澳大利亚所接受。由此,我们就更不明白,为什么美国的政治妥协表现得尤为严重?这仍然是一个谜。

有关美国民主衰弱的第二个迹象是在选举方面。选举是任何民主形式的起始点。党派控制着地方和州政府，不断提高选举注册障碍，目的是拒绝那些很有可能把选票投给另一个党的选民们参加选举。在那些的确通过了注册可以参加投票的美国公民中，参加投票的人数比率要比其他民主国家低，甚至只有60%有选举权的选民参加总统选举。在我居住的洛杉矶这座城市中，只有20%的有选举权的选民参加了最近一次的市长选举。事实上，没有哪一个民主国家的竞选活动能与美国这种不间断的竞选活动相比，由于美国的候选人有大笔资金支撑昂贵的竞选，公民得到的竞选信息扭曲不实。

造成美国民主衰落的第三个迹象是美国社会经济的不平等，并且这种不平等现象日益加剧。美国人把美国想象成具有无限机遇的土地。在这里，人们只要有能力，都能够改变贫穷面貌，变得富有。不幸的是，美国人所珍视的这一信念与事实恰恰相反：在美国，社会经济流动性比任何其他民主国家都低下；并且，在美国，父辈和子辈在收入上的相关联性也比其他民主国家强。造成这一现状的部分原因是我们的公共教育制度的恶化。这就意味着，我们大部分人力资本没有得到应有的开发。作为投资来说，这是糟糕的；同时还增加了风险，使得那些沮丧的人清楚地意识到，他们自己以及他们的子女不会有什么机遇来改善他们的生活，转而引起骚乱。我在洛杉矶生活的几十年中，就发生了两次大规模骚乱。

美国民主衰落的最后一个迹象是，我们现在的政府为公益目的做出的投资不足，不仅包括公共教育，还包括基础设施、科学、技术以及非军用设备的研究和发展。与这些方面的不足相反，美国支出的政府税收当中，有极高的份额并不属于有益于未来的投资：我们的监狱体系侧重监禁和惩罚，而不是教育改造；我们的医疗保健开支并不是以改善美国人民的身体健康状况为目的，结果是使得美国人民的健康指标比任何主要的民主国家都低；我们的军备开支可以算作投资，但有一点人民还是要问，那就是为什么我们要付出巨额资金来保障欧盟、日本和澳大利亚的军事安全，而不是让这些国家付出它们自己应该付出的份额。

上面谈到的这四个迹象构成了美国将要面临的危机。对于这些问题，我的框架分析能给出哪些切实可行的建议，有助于我们卓有成效地应对正在形成的危机吗？根据我的分析，我认为成功战胜危机的因素有：美国人民的自强以及认为美利坚合众国为最优秀的信念；我们的灵活性——表现在现代核心价值观发生巨大变化时期我们在国际事务中扮演的角色，对待种族平等、性别平等的问题。并且，因为美国的疆域两边靠海，另两面与人口数量不大的国家接壤，我们拥有更大的选择余地；相反，欧洲国家以及日本都与强国为邻，所以它们的选择受到限制。

不过，我的分析还包括一些不利的因素，这些因素可能会让人怀疑美国能否解决自身的问题。其中之一便是，我们相信美国是独一无二的——也就是说，美国人认为美国没有什么可从其他国家学习的，因此，美国人从不去看邻国加拿大以及欧洲诸国如何成功地处理监狱体系问题、医疗保健问题和教育问题。它们的解决方案比美国目前采取的措施更加有效。第二个让我们悲观的因素是，美国几乎从未经历过挫折和失败；相反，英国、德国和日本则有过这方面的经验。

简言之，我不知道美国人会不会继续挥霍优势，是否会决定回到这些悬而未决的问题上，像日本明治维新时代那样直面问题、解决问题。

最后，全世界都面临着什么问题？有三个问题非常突出。

全球问题之一就是，在现今这个全球一体化的世界里，国家之间的不平等日益加剧。过去，只要有海洋为富裕的国家提供庇护，防御所有这些贫穷的国家，美国和欧洲国家就不用担心来自贫穷国家那些绝望的穷人的危险。但是，在这样一个全球化的世界，2001年9月11日发生的"9·11事件"很清楚地说明，那些生活在贫穷国家里的绝望了的穷人有办法将他们的愤怒和挫败感发泄在富裕国家的国民身上，或者使用暴力手段，或者无休无止地移民。

第二个世界性的问题是，环境资源日益减少，环境灾害逐渐扩散，而资源日益缩减，特别是鱼类、森林、表层土和饮用水。

第三个世界性的问题是全球气候变化，需要全世界共同采取行动。这一问题经常被错误地认为是全球变暖，但是，气候变化远不止全球变暖，它导致了极端气候、风暴、海洋酸化、海平面升高以及其他由于全球气候变化带来的后果。

亦如美国所面临的问题，世界所面临的问题让我们有理由既感到悲观同时也不乏乐观。一个重要的令人感到悲观的理由是，这个世界缺少卓有成效的世界政府、世界性决策和全球问题管理的框架。另一方面，一个谨慎乐观的理由是，经济财富和权力集中在极少数的几个国家。美国和中国这两个国家就占了世界二氧化碳排放量的41%。五个国家或实体——美国、中国、印度、欧盟和日本——占据世界二氧化碳排放量的60%。这就是说，即使没有卓有成效的世界政府机构，只要美国、中国、印度、日本和欧盟这五方达成协议，许多事情都可以实现。这些国家和实体可以通过税收壁垒向占另外40%二氧化碳排放量的国家施加压力。

最终，关键还是在于世界领导者和公民将做出什么样的决定。

第五章

风险评估：
从传统人类那里能学到什么

在这一章，我要讨论的是，我们如何评估风险和危险。我们评估风险时经常高估一些风险，同时低估另一些风险。我们特别容易忽略有些行为带来的危险，也就是我们每次从事这类行为时只会带来很低的风险，但是我们却会重复这类行为成千上万次。此外，我还会讨论那些生活在传统社会中的人民（如新几内亚人），看他们是如何评估风险的，我们能够从中学到什么。

我先来给你们讲一个我亲身经历的故事。这个故事发生在新几内亚，那是在我职业生涯的早期。从这段经历中，我了解到了新几内亚人对待危险的态度。那个时候，我对新几内亚会有什么样的特殊危险毫无经验。总的来说，我还没有经历过危险，因为当时我还年轻，只有28岁，有一种在年轻人当中很普遍的心态，就像我那个27岁的儿子一样。我觉得我是坚不可摧的。我父母亲那个年龄段的老人对危险有太多的担忧,危险能给他们带来伤害,而这种危险不会给像我这样的年轻人带来伤害。

故事发生的时候,我与一组新几内亚人正在新几内亚山区丛林里准备搭帐篷,要在那里过夜,继续我们对鸟类的研究。我们已经在低海拔区域做完了鸟类调查,正准备到山上高海拔区域,考察山区的鸟类。那天下午快过去一半的时候,我们攀爬到海拔较高的地方。这个时候,我们必须择一块营地,以便我们下周能在那儿停留一周。

我自认为找到了一块非常理想的营地。那是在一棵高大笔直、树形很美的大树底下。那棵大树是在山脊的一片空地儿上,我有足够的空间到处转一转,观察鸟类。靠近我所选择的营地的一边,是山脊形成的悬崖。我可以站在那儿,遥望空旷的山谷,观察山鹰、雨燕和鹦鹉在山谷中飞来飞去。考虑到这些,我要求我的新几内亚朋友们在大树底下把帐篷支起来。

让我感到极为惊讶的是,我的新几内亚朋友们显得焦灼不安的样子。他们说,睡在这棵大树底下很危险,他们害怕睡在树下,宁愿睡在百米开外的露天地上,也不愿意睡在大树底下的帐篷里。可是对我来说,这棵大树看起来的确非常有安全感。我问他们,为什么不想睡在那棵大树底下,他们告诉我:"瞧,这棵大树已经枯死了!它很有可能会倒下来,把我们给砸死。"

我抬头看看这棵大树,不得不同意他们的观点:"是呀,这棵大树已经枯死了!"我虽然这么说了,但还是告诉我的新几内亚朋友们:"瞧瞧,这棵树多么高大呀。即使它已经枯死了,依然站立在这儿许多年了。看它现在的样子,它还会站立在这儿好多年。很显然,即便我们就睡在这棵大树底下,这棵树这个星期是不会倒下来的。它非常安全,我们可以睡在树底下。"

尽管如此,我的新几内亚朋友们依然坚持认为,睡在这棵大底树下不安全。他们拒绝睡在大树底下。当时，我认为他们过于夸大了他们的忧虑，快到了妄想狂的程度。妄想狂是心理学术语，意思是过分夸大恐惧。假如某个人是一个妄想狂，不应该把他或她对待恐惧的态度视作适度的谨慎而对其称赞，相反，应该劝说他或她去看心理医生甚或精神科医生，让医生来帮助其缓解过度的恐惧感。可是当时在森林里，无论我说什么都不能说服我的新几内亚朋友们。最后在我的坚持下，他们为我在这棵枯死的大树底下搭起了帐篷。但是，他们把我一个人留在大树底下，睡在帐篷里，而他们自己则睡在百米开外的空地上。那一周，我一直睡在那棵大树底下，大树并没有倒下来砸到我，我还活着。这件事使我更加坚信，我的新几内亚朋友们有妄想狂。

那件事过去了几个月甚至几年，然而，随着我在新几内亚工作期间积累了更多的经验，我对那段经历的思考加深了。我在新几内亚的森林里过夜的时候，每到夜里，都会听到森林里的某个地方有枯死的树木倒在地上发出的巨响。在白天，我在森林里走来走去，观察鸟类活动。每天我都能听到，森林里某个地方有枯树倒在地上，发出巨大的声响。于是，我开始琢磨那些枯死的树木倒地的声音。最后，我通过数字计算，得出这类风险的程度。假设我让自己形成不好的习惯，睡在枯死的树下，假设那棵枯死的大树倒在地上——碰巧就在我睡在那棵大树底下的那天晚上，这种风险也只是千分之一。如果是这样的话，每天晚上有千分之一的风险，会发生大树倒下来把我砸死，那么3年之后——也就是3次365个夜晚或者说1095个夜晚之后——就可以预计我已经死了。新几内亚人的生活方式决定了他们会睡在森林里，经验告诉他们不要在枯死的树底下睡觉。他们从那些轻率地睡在枯树底下的新几内亚人的命运中汲取了教训。

最开始，我把我的新几内亚朋友们的谨慎态度当成了妄想狂，而现在看来，他们这种谨慎态度完全是有道理的。我并不认为这种态度是妄想狂,相反,我认为这种态度可以被叫作"建设性妄想狂"。所谓"建设性妄想狂",就是指并非夸大的而是适度的谨慎态度。建设性妄想狂的态度是我在新几内亚工作期间学到的最为重要的经验,这个经验就是如何正确处理某种危险。也就是说,你只做一次风险系数小的事情并不要紧,不过假如你需要重复做这件事情,这种风险就会累积,而一旦你做的次数足够多,这种风险最终会落到你的头上,要了你的命。

我对待危险的谨慎态度让我的许多美国和欧洲朋友们感到抓狂。只有那些与我有过类似经历的美国人和欧洲人才能够真正地理解我的建设性妄想狂的态度。他们的生活方式将他们不断暴露在危险之中,他们像我一样从那些因不谨慎而失去生命的朋友那里学会了谨慎行事。我的英国朋友当中有一位像我一样有建设性妄想狂,他是一位警察,在伦敦街道上执勤。街道上可能会出现有武装的犯罪分子。我这位警察朋友不得不学会快速认出潜在的危险人物。另一位也有建设性妄想狂的朋友是一位渔导,带着打鱼的人在白水河上顺流而下,他亲眼见到过渔导是如何因不小心而丢了性命,并由此学会了谨慎小心。还有另外一位朋友也有建设性妄想狂,他的职业是小型飞机的试航员。他和我都有不少从事试航员工作的朋友,最后因不小心而丧命。如同我的新几内亚朋友们一样,我们几个人都学会了用建设性妄想狂态度对待有危险的事物。

但是很明显,新几内亚人和其他生活在传统社会中的人与美国人在界定危险上存在着巨大的差异。

例如,在美国和在新几内亚,危险的类型各不一样。在新几内亚和其他一些传统社会,最主要的危险包括自然环境产生的意外事故,如狮子、危险的昆虫、倒下的树木,以及身处寒冷的野外或者暴露在大雨之中。对于生活在西方的人来说,这些由于环境造成的危害相对而言却是并不重要的,我们已经驯化和改造了我们周围的自然环境。尽管如此,我和我的妻子去年在蒙大拿度假的时候,还是差一点就被一棵倒下的树给砸死。在传统的生活环境中存在的其他危险还有暴力、饥饿和传染性疾病。所有这些危险在西方社会就显得极不重要了。相反,在西方社会里,我们面临的是一系列新的危险,诸如机动车、楼梯、心脏病、癌症以及其他非传染性疾病。因此,在一定程度上来说,我们只是将一系列传统危险替换为另外一系列新的现代危险。

但是事情远非如此,在美国的危险类型不同于在新几内亚的危险类型。在美国,我们的平均寿命为接近80岁,而传统社会的平均寿命为50岁甚至更低一些。以此来测算,总体的危险水平——也就是说,每年的死亡风险——在美国要比在新几内亚低。

第三点不同在于,在美国,对突发事件的善后处理远比在新几内亚要容易得多。举一个例子。我曾经在离哈佛大学不远的波士顿市中心的冰面上滑倒,摔断了腿骨。我摔倒后发现我的腿骨骨折了,我费了很大劲到了

10米以外的一个电话亭,给我那做医生的父亲打了电话,父亲开车过来,把我弄到车上,送到医院。在医院里,外科医生将我摔断的骨头接合好,并打上石膏。不久,我的腿就痊愈了,又能够像以前一样走动了。但是,如果你在新几内亚摔断了腿骨,离你最近的简易机场也要走上三天才能够到达。你也许根本就无法走到简易机场。当你到达了简易机场,那里可能也没有飞机或者医生。还有,在传统社会里没有外科医生为你接骨,固定骨折处,所以,即使你在这次意外事件中幸免于难,你极有可能在随后的日子里,只能跛着脚度过余生。结果是,我们这些生活在西方社会的人不同于生活在新几内亚的人,我们几乎不担心危险。那是因为,即使我们遭遇到了意外事件,也更有可能得到良好的处理,而在新几内亚,情况却不是这样。

现代社会较低的危险程度,加之我们对于危险导致的损害能够得到善后处理的预期,影响着我们现代人,使得我们对于危险的态度发生了改变。我们关于危险的想法是混乱的和困惑的。我们常常为不值一提的风险所烦恼。我们过于担心那些事实上不太可能降临在我们头上的危险。相反，我们对于那些的确极有可能发生的危险却并没有给予足够的重视。我们担心恐怖分子会发动袭击，我们为飞机失事感到忧心忡忡，事实上，死于恐怖袭击和飞机坠毁事件的人很少。我们忽略了在阶梯上摔倒的危险，这类危险却导致很多人死亡。我们对于危险的思考总是模糊不清，出现这种情况的原因在于，我们总是看到被罗列出来的各种灾害等级，还会比较这些等级评估与灾害造成的实际死亡人数或者潜在的死亡人数。

在这种形式的灾害比较中，我们必须要谨慎小心。某一特殊类型灾害造成的实际死亡人数可能不是衡量灾害严重程度的合理标准。换句话说，这类灾害导致的死亡人数之所以很低，可能正是因为这类灾害频繁发生，加上可能会致命，使得我们对这类灾害的存在有着较强的意识并采取了必要的预防措施。正因为如此,这类灾害对于我们的行为产生了巨大的影响。我们对这类灾害非常小心,甚至为此改变了我们的生活方式。其结果是,这种灾害导致的死亡人数降低。

关于这方面,我们可以举一个例子,看看这一作用在传统社会产生的效果。这个例子涉及南非说!kung语的人和狮子。这些说!kung语的人生活在非洲沙漠地带,那里也栖息着成群的狮子。然而,狮子很少导致说!kung语的人死亡:1000个说!kung语的死者中只有大约5个人死于狮子之口。这难道能说狮子是不危险的吗?

当然不能这么说。说!kung语的人很少死于狮子之口,准确地说,是因为狮子实在太危险了,而说!Kung语的人遇到狮子实在是太频繁的事了,以至于说!kung语的人学会了对狮子极度地小心。这些说!kung语的人也因此最大可能地改变了他们的生活习惯,以便减少狮子带给他们的伤害。为了躲避狮子,说!kung语的人晚上不出来。即使在白天,他们也绝不单独出来,而是结伙出行；并且，他们会不停地说话，以期他们的声音镇住狮子。他们还会一直注意观察狮子和其他动物走过的足迹。

另一个例子与现代美国人有关，是关于长期从事飞行活动的那些经验丰富的飞行员。飞行活动的确充满危险，且被公认为会造成伤害，但却很少导致死亡。精确地说，这是因为我们中的一些人意识到了飞行活动的危险性，并且采取了防御措施。这些飞行员清楚地知道，他们的错误极有可能是致命的。所以，一位经验丰富的飞行员，每一次准备驾驶飞机飞行的时候，都要绕着飞机走一圈，仔细检查飞机。相比之下，我们中的大多数人，当我们到达机场，拿到租赁的车，甚或当我们准备驾驶自己的车子时，我们也不会事先绕车子走一圈，细心地检查车子。那是因为，如果我们驾驶的是一辆汽车，出现失误或者出现汽车的结构性问题而导致死亡的可能性要比飞机小得多。

因此，我们不能简单地拿一次灾害造成的死亡人数作为衡量这一灾害的严重性和频率的标准。我们必须估算一下，假如我们不够小心，这一灾害造成的死亡人数会是多少。但是，即使我们将这一因素也考虑在内，在我们主观的风险排序和实际的风险严重性之间依然存在一个很大的错配。

事实证明，按照美国人对灾害的排序，排在前面的灾害有：恐怖分子、客机失事、核能事故、包括转基因农作物在内的基于DNA（基因）的技术，以及喷雾罐——尽管所有这些很少致人死亡。相反，美国人低估了其他一些灾害：酒精、机动车、香烟、滑倒和摔倒、家用电器，所有这些的确导致很多人死亡。

被我们过高评估的灾害之间存在着什么共性？被我们过低评估的灾害之间又存在着什么共性？研究结果表明，我们会过高评估那些我们无法控制的灾害带来的危险、那些我们没有选择余地的灾害，还有那些一次造成死亡人数众多的灾难性事件。我们过高评估那些会登上报纸头条的灾难，这些灾难往往发生在人们容易看到的地方，致人死亡的方式和场面令人震惊。我们过高评估那些新出现的，令我们感到陌生的风险，诸如 DNA 带给我们的风险。这就是为什么我们会过高评估恐怖分子、核事故、客机失事以及基于 DNA 的技术给我们带来的灾害。这些灾害发生在我们中间，而我们却无法控制它们。

相反，我们过低评估那些我们能够控制的灾害性事件以及那些我们经过选择或者自愿接受的事情带给我们的灾害。我们过低评估那些在一次事件中只有一人死亡的灾害性事件，这类事件通常不会登上报纸头条。我们过低评估我们所熟悉的灾害，这就是为什么我们过低评估喝酒、开车、抽烟、滑倒和摔倒以及家用电器带来的危险。我们选择将我们自己暴露在那些灾害之中，而我们认为，只要我们小心，我们就能够控制发生灾害的风险。我们过低评估那些灾害，因为一般人认为："我知道那些事情会导致别人死亡。但是，我会小心。对于一般人来说，发生灾害的风险是有的，但对于我来说，那些灾害的风险性很低。"但是，这种推理很明显是毫无意义的，因为从概念上说，一般人面对一般风险！我们易于这样想:"我很小心,我很强壮,所以,那些事情可能会杀死那些不小心的和体弱的人,但是那些事情不太会杀死像我这样小心谨慎且身体强壮的人。"这一态度可以用一个笑话来总结:"我们都不愿意让别人对我们做那些我们很乐意为自己做的事情。"

在日常生活中,我们应该更加关心的不是恐怖分子和转基因作物,日常生活中真正严重的灾害是在淋浴时滑到,或者在湿滑的人行道上摔倒,或者在梯子上、在下楼时滑倒和摔倒的危险。证明这一点很容易,你只需要阅读任何一天的任何一份报纸上的讣告栏,就会看到,对于老年人来说,摔倒是最为常见的导致瘫痪、失去生活质量,甚至死亡的原因之一。

今天,我早已经做过了我这一天中应该做的最危险的事情。这件最危险的事情就是:我淋浴了!你会质疑:"真的?!贾雷德·戴蒙德,你是个妄想狂!你在淋浴时摔倒的风险只有千分之一!"对这一质疑,我的回答是:我在淋浴时摔倒的风险是千分之一,但这并不低。我现在77岁。一个美国男人活到77岁，还有15年的平均预期寿命。这就意味着，在我余下的时间里，如果我每天都淋浴，我会有5475次淋浴。如果我不加以小心，那么，我每次在淋浴时摔倒的风险就是千分之一。那意味着，我会在我预期能够活到的年龄到来之前杀死我自己五次。

这就是为什么我学会了践行建设性妄想狂。这就是为什么我学会了注意一些事情带给我的风险，这些事情在我做一次时只有很低的风险，但是在我的余生，我需要经常做这些事情——像新几内亚人在丛林中睡在枯死的树下一样。对于我来说，在美国，与在新几内亚丛林中睡在枯死的树下相同的事情就是淋浴和开车。

我的一些朋友对我从新几内亚人那里学到的建设性妄想狂态度提出质疑，认为这种态度会束缚我的手脚。我的朋友们认为：贾雷德，可能是由于你总会想到什么事情会出错，所以，你会放弃做任何事情。正相反，我以建设性妄想狂态度行事，就像新几内亚人一样。尽管倒下来的树木会带来灾害，新几内亚人依然在森林里露营。但是，他们会小心翼翼，从不在枯死的树下搭帐篷过夜。同样的道理，我并不拒绝淋浴。我依然每天都淋浴。只是，我很注意，淋浴时多加小心。我更关心淋浴、梯子和机动车，而不是恐怖分子或核事故或转基因作物。

这就是我在新几内亚工作时学到的日常生活中最重要的经验。我认为，这一经验对于你们这些读这部书的读者来说也是颇有益处的。

第六章

饮食、生活方式和健康

今天，大多数美国人的死因是什么？

这些死因与那些依然采用传统生活方式的人民的主要死因有着怎样的不同？这些死因又与两百年前美国人的死因有着怎样的不同？

我们从这些不同的死因中能够获得哪些有益的启示，帮助我们延长我们的生命，让我们活得更健康？

我的这部小书的大部分读者都会死于所谓非传染性疾病。也就是说，会死于这样一些疾病，这些疾病不是由于诸如病毒或细菌这类传染源而致的传染性疾病，因为这些疾病不会扩散或者由一个人传染给另一个人。这些疾病包括糖尿病、血压升高导致中风的高血压病、心脏病发作、动脉粥样硬化、癌症、肾脏疾病和痛风。没有人能够把这些疾病传染给你们，这些疾病不像流感或者麻疹，是人与人之间传播的。只有你们和你们自己的基因以及你们的生活方式能够决定你们是否会患上这些疾病。现在，这些疾病是导致人类死亡的主要原因；而在过去，情况却并非如此。两百年前，导致美国人死亡的主要疾病是传染性疾病，诸如天花、麻疹、肺结核、疟疾和霍乱；而今天，这些传染性疾病却很少导致美国人死亡。

尽管如此，今天在世界上的其他地方，一些人群依然生活在部落里，这些人并不是死于这些导致现代美国人民死亡的非传染性疾病。50年前，就在我第一次到新几内亚开始我的研究工作之前，在新几内亚开展的一项学术研究已经证明了这一事实。新几内亚是一个大的热带岛国，位于澳大利亚北部，接近赤道。从1964年开始，我一直在那里研究鸟类。当我初次到达新几内亚的时候，新几内亚的东半部依然还是由澳大利亚管辖的欧洲殖民地。新几内亚人的生活方式在很大程度上依旧是传统的，他们住在自己的村落里，过着自给自足的生活。

许多新几内亚原住民还没有受到欧洲文明的影响。他们不穿衣服,没有文字,不使用金属工具,没有医生。换句话说,他们的生活方式依旧十分传统。在巴布亚新几内亚(Papua New Guinea)的任何一条道路上都没有交通灯,甚至在首都莫尔兹比港(Port Moresby)也找不到交通灯。

但是,莫尔兹比港却有一家综合性医院,由澳大利亚的医生创办。1961年,就在我到达新几内亚之前,莫尔兹比港综合性医院的医生们发表了他们的一项研究报告,列举了近期在这家医院住院的2000位病人的病因。今天,假如有研究者在我的家乡洛杉矶发表这样的研究报告,公布近期在某个综合性医院的住院病人的致病原因,大多数住院病人的入院病因会是非传染性疾病。但是,在这项1961年新几内亚发表的研究报告中,几乎没有住院病人的入院病因是非传染性疾病。几乎没有人有心脏疾病、癌症、糖尿病或者任何其他非传染性疾病。唯一的例外是,其中四位病人因高血压被这家莫尔兹比港综合性医院接收，进行住院治疗。但是，四位病人都不是新几内亚本地人，他们是生活在莫尔兹比港的外国人。这四位病人作为特殊病例，恰好证明了新几内亚人患病的规律。

在这家医院进行这项研究的那段时间里，我正好开始在新几内亚从事我的鸟类研究工作。当时的新几内亚人给我的印象是，他们都非常健康。我从来没有看到过一位身体超重的新几内亚人，一位都没有。无论男人还是女人，他们看上去全都像身形清瘦但肌肉健硕的健身者。新几内亚人的饮食简单，他们的食物主要是自己家地里种的食物。那些生活在高原地区的新几内亚人，他们摄入的卡路里有90%来自单一的食物：甘薯。他们根本没有糖尿病或者心脏疾病。我这么说，并不是想说明新几内亚人是非常健康的。他们中的大多数人死的时候年纪还不大，比现代美国人的死亡年龄小很多：他们中的大多数人死于50岁左右甚至40岁左右，而不是70岁左右，或者80岁甚至90

岁左右。在 1961 年,新几内亚人不是死于诸如糖尿病和心脏病这类非传染性疾病;相反,他们的死因与两百年前大多数美国人的死因一样,死于疟疾和痢疾这类传染性疾病、意外事故、营养不良和饥饿,并且,以体力劳动为主的生活方式导致他们患有骨骼疾病和肌肉疾病。

现在,我在这里提纲挈领地谈谈今天的巴布亚新几内亚。1975 年,巴布亚新几内亚宣布独立,开始建设自己的国家。这个国家已经拥有交通灯、飞机场、高速公路、超级市场、电视机以及其他现代文明带来的好处。许多新几内亚人不再自己生产食物,而是从超市购买他们所需的食物。今天,我们能够看到许多身体超重甚至已经属于肥胖症的新几内亚人。世界上糖尿病的高发区之一就在新几内亚的一个部落,位于首都莫尔兹比港附近。这个部落就是瓦尼盖拉部落(Wanigela Tribe)。50 年以前,在这个部落里没有人患糖尿病;而今天,他们中有

37%的人患有糖尿病。糖尿病发病率比意大利高出七倍。

  这里，我再给大家讲一个我亲身经历的故事，进一步说明在这 50 年里，新几内亚人生活方式的改变以及病因的不同。最近这 15 年来，我一直在巴布亚新几内亚唯一的油田做鸟类研究工作。油田以前由国际石油公司雪佛龙（Chevron）经营，而现在则由新几内亚的一家原油探测有限公司（Oil Search）经营。油田的大多数工人为新几内亚人。他们的一日三餐都在公司自己经营的自助餐厅里解决。油田的自助餐厅与美国的公司或者大学的食堂类似。首先，就餐者自己拿上托盘，沿着事先准备好并被摆成一排的食物走，一边走一边把自己挑选的食物放到托盘里，拿多少食物也是根据自己的需求。然后，就餐者坐在桌子前，每个桌子上都备有调味盐瓶和糖罐。就餐者可以随手拿起盐瓶和糖罐，往自己的食物上撒盐或者加糖，撒多少盐、加多少糖由就餐者自己决定。大多数在新几内亚油田工作的工人都是在农村长大的，他们在农村时吃的食物很单调，选择余地非常小——经常是以甘薯为主。并且，他们吃多少也是有限制的。而现在，他们在油田工作，到公司的自助餐厅用餐。对于这些新几内亚油田工人来说，感觉就像到了天堂。他们把食物往托盘上堆放，堆得高高的，就像是半个球一样。他们吃完了这一托盘食物，再去拿更多的食物。他们用匙子从桌子上的糖罐里舀糖放在牛排上，他们拿起盐瓶将盐撒在沙拉上。

这种餐饮方式的结果是，油田上的许多新几内亚工人现在体重都超重。而50年前，在新几内亚还没有胖子。新几内亚油田工人开始患有心脏病和中风这类西方的非传染性疾病。每一处油田营地都设有医疗所，配有医生和护士。现在，石油公司给这些医疗所配备的员工中，还包括受过专门训练的新几内亚保健员，为石油公司的工人们提供健康生活方式以及健康饮食方面的建议。在我最后一次造访油田的时候，医疗所里的医生和护士们告诉我，这些新几内亚保健员被派往油田，目的是向新几内亚油田工人提供有关健康生活方式的建议。然而，当这些保健员开始与油田工人们一道在自助餐厅用餐的时候，情况逐渐发生了变化。在不到一年的时间里，这些保健员自己也开始出现心脏病和糖尿病的症状。

所以，50年前，新几内亚人有着传统的生活方式，没有人患上非传染性疾病。而今天，许多新几内亚人接受了西方的生活方式，他们正在罹患各种非传染性疾病。但是在最近的这50年里，新几内亚人在遗传基因方面并没有很大改变。

在世界上的其他一些国家，也能找到同样的例子，可以进一步说明西方生活方式与非传染性疾病的关联性。其中一些例子涉及的一些国家——如巴布亚新几内亚一样——近年来越来越多地接受了西方生活方式。例如，中东地区生产石油的阿拉伯国家，几代人之前还很贫穷，人们过着简朴的生活，几乎没有糖尿病。今天，在所有中东富有的阿拉伯产油国家，患有糖尿病的人口在15%至25%之间。

另有一组例子，是从那些由传统社会移居到西方世界的移民们的生活经历来看西方生活方式与非传染性疾病之间的关系。当中国人、印度人、日本人和非洲人移民到美国、欧洲或者其他具有西方生活方式的国家，在他们的第一代移民中便出现了糖尿病和其他非传染性疾病。

还有一个例子，那就是发展中国家的城市流行病。当生活在农村的非洲人或者亚洲人迁徙到城市，就像在尼日利亚，人们从农村迁徙到拉各斯，接受了西方的生活方式，患上了非传染性疾病。

还有另外一个例子，是关于那些接受了西方生活方式的原住民。当这些土著人放弃了他们的传统生活方式，转而接受了在他们的国家已经广泛传播开来的西方生活方式，他们罹患非传染性疾病的概率在全世界范围内都位居前列。美国的皮玛印第安人（Pima Indians）和澳大利亚的原住民有着世界上最高的糖尿病发病率，并因此常常在健康类图书中被提到。

所有这些自然实验说明，从某种程度上来说，接受西方生活方式会导致非传染性疾病的流行。但是，西方生活方式涉及许多相关的因素，所以这些研究本身还不足以告诉我们，西方生活方式中的哪些特殊的因素对于哪些特殊的非传染性疾病负有责任。我们认为的西方生活方式包括：久坐不动且缺少足够的锻炼；每天摄入过高的卡路里；身体超重；食盐、糖和酒的消费量过大；从另一方面来看，膳食结构不符合传统，例如食物中含纤维成分低；还有就是吸烟。而到底哪一种风险因素应该对哪一种疾病负责呢？

　　现在，让我们来谈谈风险因素和疾病之间的两对关系：食盐摄入与高血压的关系，以及肥胖症和糖尿病的关系。

　　让我们先来谈谈食盐。对于现代美国人来说，食盐从盐瓶中倒出来，不需要我们付出劳动，也几乎不需要我们付钱就可以得到，并且食用量的多少基本上也是毫无限制的。这种现状与人类历史上漫长的缺盐经历形成鲜明的对比。除了沿海地带，大部分地区的自然环境中并不富含盐。例如，我的新几内亚朋友们曾告诉我，在过去他们如何制盐。那时候，欧洲殖民者还没有到达新几内亚，新几内亚人的生活方式还处于传统的状态。他们在丛林中采摘某种植物的叶子，因为他们发现，这种植物的叶子比其他植物的叶子含的盐分要高。他们把采摘的叶子投到火里烧成灰，然后把灰烬收集起来。灰烬是咸的，但同时也含有苦涩的成分，味道很可怕。所以，新几内亚人将灰烬浸到水中，把水烧开，将盐浓缩；然后，再将盐水蒸发。他们多次重复这种浓缩和蒸发过程。最后，经过繁复的劳动，他们才能够得到一小包盐，但依旧是有苦味的灰。

长期缺盐的历史造成了传统的新几内亚人渴望得到盐的心理，但他们始终无法得到很多食盐。对于处于传统生活方式下的新几内亚高地人来说，每天平均食盐摄入量为50毫克。对于世界各地所有保持传统生活方式的人群来说，食盐摄入量从每日 50 毫克到最高为 2 克。相反，美国人每天的平均食盐摄入量为 10 克。如果将美国人单独一餐摄入的食盐与传统的新几内亚人一个月甚至一年摄入的食盐做一个比较，其差别就太不可思议了。例如，一份巨无霸汉堡含有 1.5 克食盐，而那是传统新几内亚人一个月的食盐摄入量。一罐鸡肉面汤含有 2.8 克食盐，而那是传统新几内亚人两个月的食盐摄入量。我读到过的一份报道说，一餐食物中食盐含量最高的是洛杉矶一家亚洲餐馆提供的辣面。经测试，其含盐量为 17 克。只那一份面条，其食盐含量便相当于传统新几内亚人一年的食盐摄入量。

大量证据表明，食盐摄入量是导致高血压的主要风险因素。高血压病可以导致中风并致人死亡。据我所知，世界上食盐摄入量最高的地方在日本北部的秋田县。在那里，一般人的每日食盐摄入量为 27 克，是意大利人和美国人平均每日食盐摄入量的三倍。在秋田县，有一份记录显示，一个男人平均每日摄入食盐量为 61 克。这意味着,在 12 天内,这个男人会吃完通常人们在超市买的 700 克一罐的食盐。与高食盐摄入量相关,秋田县的居民高血压患病率是世界人口中最高的,并且因中风而死亡的概率也是最高的。中风是导致秋田县人死亡的主要原因,而在其他采用西方生活方式的社会里,各种导致死亡的因素中,中风排在糖尿病、心脏病和癌症后面,居第四位。

并非所有高血压病都是由于食盐而致。一些人患有高血压病,其原因与食盐摄入量无关。所以,医生们将高血压病分为盐敏感高血压病(salt-sensitive hypertension)和非盐敏感高血压病(salt-insensitive hypertension)。不仅如此,即使是盐敏感高血压病也并非只是由于食盐摄入量而致,还涉及遗传因素:一些人因食盐摄入量大更容易患上高血压病,而另一些人同样摄入大量的食盐则不会患上高血压病。遗传学家对此做了研究,发现许多特殊遗传因素使得一些人容易患上与食盐相关的高血压病。研究结果显示,那些遗传因素促使我们的肾脏重新吸收我们体内的盐。

既然盐在我们体内积累，达到一定量便会导致我们更容易死于高血压病和中风，那么我们的遗传基因为什么还会安排我们的肾脏重新吸收盐？自然选择的进化倾向于淘汰有害的遗传基因，所以，我们应当指望那些促使肾脏重复吸收盐的遗传基因会在自然选择的过程中被淘汰。

对这一点的解释是，在今天，我们有着现代西方的生活方式，我们的肾脏对盐的吸收不利于我们的身体健康；而在过去，当人们处于传统生活方式的时候，肾脏对盐的吸收却是有利的。现在，我们用餐时，随手就可以拿到调味盐瓶，往我们的食物上撒盐。由此，对于食盐，我们需要做的是避而远之，不要给我们的食物撒上多余的盐，避免增加食盐量。但是，对于从前生活在传统环境中的人群以及现在世界各地依旧处在传统生活环境中的人群来说，他们面对的情况是，要获取足够的食盐，而不能对食盐避而远之。新几内亚高地的人民为了

第六章 饮食、生活方式和健康

获取食盐，需要到丛林里采摘植物的叶子，经过多次加工才能得到食盐，他们所付出的巨大努力已经说明了他们缺少食盐。如果人的身体不能够获取或者保存足够的食盐，其结果往往是会发生痛性痉挛，也就是我们通常说的抽筋。在日常生活中，抽筋往往是由出汗导致体内盐分流失，或者腹泻和痢疾导致体内盐分流失引起的。从那些处于传统生活环境人群的角度来看，肾脏有效地保存了人们体内的盐分，这是其优势，而非劣势。肾脏保存盐分这种遗传基因也因此为自然选择所青睐。只是到了现代社会，调味盐瓶摆在各处，让食盐获取这么方便快捷，才使得原本具有保存体内盐分的这一肾脏功能成为健康的不利因素，而非有利因素。

这样，便产生了悖论。肾脏起到保存我们体内盐分的作用，曾经有助于我们的生存；而现在，有着保存我们体内盐分作用的肾脏却成了使我们丧失生命的帮凶。这是因为我们改变了我们的生活方式，确切地说，是因为我们改变了我们的食盐摄入量。非洲裔美国人的情况可以对这一悖论给予说明。在美国，非洲裔美国人是盐敏感所致高血压病的最高风险人群。假如我们对比几组美国人的食盐摄入量，便会发现，盐敏感高血压病患病频率最高的一组是非洲裔美国人。从非洲裔美国人的进化历史来看，有什么能够解释这种让他们易于罹患盐敏感高血压病的原因吗？

我们并不知道确切的原因，但是有这样一种猜测。回想一下非洲裔美国人民的历史。他们的祖先在非洲，且大多数生活在远离海岸线的非洲内陆。如同生活在新几内亚高地的人民一样，他们那里并没有足够的食盐。当地的掳掠者将这些生活在非洲内陆的人抓获，要将他们贩卖为奴隶。他们在炎热的气候下被驱赶到海边，拖进海岸上的棚子里，在炎热的气候里等待着贩运奴隶的船只到来。他们一直汗流浃背，体内的盐分一直在流失，他们中的一些人因体内缺少盐分而产生痛性痉挛，最终死亡。随后，奴隶们被赶上船，装在船的下层货舱里。货舱闷热且通风不良，加之天气依然炎热，奴隶们大汗

第六章 饮食、生活方式和健康

淋漓。奴隶船要航行几个星期,才能到达新大陆。奴隶船上的卫生条件极其恶劣,在航行期间,导致船上的奴隶们死亡的最常见原因是痢疾和传染病,这与卫生条件太差有直接关系。人们患上痢疾后,由于腹泻而使得体内损失过多的盐分,再加上由于气候炎热大量出汗而造成盐分流失。最后,当奴隶们到达新大陆的时候,他们又一次被带到闷热的棚子里,等着被驱赶到农场里。在农场里,他们不得不在炎炎烈日下劳动,生存环境恶劣。

所有这一切意味着,由于出汗或者腹泻产生的体内盐分流失成为奴隶们的主要致死原因。那些其肾脏在保存体内盐分方面有欠缺的奴隶往往会因体内盐分过分流失而死亡,只有那些肾脏功能在保存体内盐分方面具有超常能力的奴隶才有可能存活下来。所以,奴隶贩卖历史也许帮助选择了那些肾脏功能良好的人,也就是那些能够有效保存体内盐分的人。这一历史背景的结果是,非裔美国人当中拥有这样高效肾脏者的比例比其他人群高。在当时奴隶们所处的恶劣环境下,这些有效保存体内盐分的肾脏对他们得以生存下来至关重要。然而今天，这些奴隶的后代可以方便快捷、毫无限制地得到食盐，曾经给他们的先辈带来好处的肾脏，现在却因为易于保存体内盐分而导致高血压病和中风高发。

作为个人，我们在保护自己免于患上高血压病的风险方面能做些什么？一个看起来直截了当的回答是：不要在你的食物上撒盐！但是，这样还不够。我曾经认为，我是一个理智的人，我和我妻子甚至从来不在饭桌上放食盐调味瓶，而我也从来不用食盐来调节食物的味道，这样就没问题了。

不幸的是，事实证明，这样做还是不够的。在欧洲和美国，研究结果表明，我们所摄入的食盐，大多数是"隐秘的"。我这么说的意思是，我们吃掉的盐并不都是我们个人添加的，我们甚至并不知道我们的食物中已经添加了盐。相反，我们摄入的大多数盐分混合在我们的食物中，我们根本看不到。食物中的盐或是饭店的厨师在厨房里烹饪的时候添加的，或是由食品制造商或食品包装商添加到你们在超市购买的食品之中。很明显，你们在超市购买的许多加工过的食品中，其含盐量比最初的自然食物要高很多，比如说，每磅烟熏三文鱼的含盐量是新鲜三文鱼的 12 倍。令人惊讶的是，美国人摄入食盐的最大源头是谷物制品，诸如面包、烘培食品以及早餐麦片。我们通常认为，这些食物不含盐分，但在加工过程中已经添加了食盐。我们在市场上购买的肉类常常要注入含有微量盐的水，占肉类重量的 20%。肉类包装商们说，他们这么做的理由是使得肉的味道更鲜美——食盐的味道太具诱惑力了！同时，这么做还可以省钱——很显然，对于制造商们来说，购买 10 磅肉加上 2 磅盐水比购买 12 磅肉要便宜得多；市场上出售的肉都是以总量来计算，而不是以真正的含肉量来计算。食品制造商喜欢在食品加工过程中添加食盐的另一个原因是，向我们销售加工食品的公司往往也是销售瓶装饮料的公司，而添加了食盐的食物会让我们有干渴的感觉，因而会急于购买更多的瓶装饮料。

这些残酷的现实意味着，假如你想减少食盐摄入量，你不仅要将餐桌上的食盐调味瓶扔掉，你在市场里购买食物的时候，还必须非常仔细地阅读你要购买的食物上贴的标签，从上面列出的成分中查找食盐含量。长远的解决方案就是说服食品制造商们，在他们生产的食品中减少食盐添加量。但是，这并不会是食品制造商们热心去做的事，因为他们通过在食品中添加食盐能赚到更多的钱。一个有希望的迹象是，考虑到政府在对中风患者的医疗保健上要花掉多少钱以及公民们由于工作年限缩短带来的损失有多少，一些政府正在逐渐向食品制造商施加压力，减少市场上的食品的食盐含量。芬兰政府以这种方式减少了国内死于中风人数的75%，同时也使得国民的预期寿命延长了五年。

我将要讨论的另一种疾病是糖尿病，这也是与西方的生活方式相关的疾病。具体地说，我将要谈论的是糖尿病类型中最为普通的类型，叫作二型糖尿病（Type 2 diabetes），它与生活方式有关。相对而言，一型糖尿病（Type 1 diabetes）不常见，与生活方式的关联不大。高血压病属于盐代谢疾病，而糖尿病则属于糖代谢疾病。糖尿病患者在用餐后，其体内的血糖浓度上升到异常高的水平。超高的血糖浓度损害我们的神经和血管。过量的糖分从血管中流出，经由我们的尿液排出。与二型糖尿病相关的生活方式带来的主要风险因素是肥胖症，其他因素还包括消费过多的糖和脂肪以及缺少锻炼。通过改善生活方式，特别是加强锻炼，减少卡路里摄入量以及减轻体重，二型糖尿病患者常常可以有效减轻糖尿病的临床症状。

几项自然实验清楚地说明了生活方式与糖尿病临床症状之间的关系。来看看其中的一个例子，一些日本科学家想到了一个极好的主意，将日本股票市场日经指数的起伏与日本糖尿病患者提供的糖尿病临床症状的起起落落放在一个图表中做比较。令人难以置信的是，比较的结果显示，图表上显示日本人的糖尿病临床症状的曲线与日本股票市场的曲线几乎一模一样——因为当股票市场上扬，人们感觉富有或者变得富有，于是，饮食增量，体重也随之增加，糖尿病风险便增大。再举一个例子，那是在1870年至1871年巴黎被围困期间。德国军队包围了巴黎，切断了食物运输线，巴黎市民因此挨饿甚至饿死。法国医生观察到，在巴黎被围困的这段时间里，许多糖尿病患者不再出现糖尿病临床症状。还有另外一个例子，讲的是也门的犹太人。两千多年来，这些生活在也门的犹太人始终过着简朴的传统生活。直到1949年和1950年，以色列用飞机将他们从也门运到以色列，让他们一下子过上了20世纪西方式的生活。这些也门犹太人刚到以色列的时候，他们中几乎没有人罹患糖尿病，但是在短短的二十几年时间里，他们享受着以色列富足的食品，其中13%以上的人患上了糖尿病。

最后一个例子中提供的信息来自太平洋上一个遥远的小岛，叫瑙鲁（Nauru）。传统上，瑙鲁的密克罗尼西亚（Micronesian）居民们辛苦劳作，靠打鱼和农耕获取食物。由于干旱，那里频繁发生饥荒，这令当地人的生活格外艰辛。后来，瑙鲁先后成为德国和澳大利亚的殖民地。人们在瑙鲁发现，岩石上的土壤中含有世界上最高浓度的磷酸盐，而磷酸盐是化肥的基本成分。1922年，提炼磷酸盐的开采公司最终开始向瑙鲁人支付开采费。1925年，瑙鲁出现了第一例糖尿病患者。在第二次世界大战期间，日本军队占领瑙鲁，将瑙鲁岛上的居民驱赶到特鲁克岛（Truk）。瑙鲁人在特鲁克岛上没有足够的食物——每天的口粮只有250克南瓜。他们长期处于饥饿状态，而日本人还强迫他们从事繁重的体力劳动。结果，一半的劳工因饥饿而死。

第二次世界大战之后，瑙鲁人回到他们自己的岛屿，重新开始接受提炼磷酸盐的开采公司支付的费用，没有重新开始农业生产。他们开始在超级市场里购买他们所需的各种食品，成为世界上最富裕的人群之一——磷酸盐开采费达到每人两万美元。他们购置了机动车，代替步行，在他们那座半径约为两公里的小岛上开来开去。

瑙鲁人成为太平洋地区最肥胖的人群,他们的平均血压也最高。不仅如此,他们的糖尿病患病率也是最高,糖尿病成为岛内最为常见的非事故死亡原因。20岁以上的瑙鲁人中,1/3患有糖尿病;活到70岁的瑙鲁人非常少,而这些人当中有70%的人患有糖尿病。近些年,尽管瑙鲁人久坐不动的生活方式和肥胖症依然没有改观,但是他们的糖尿病发病率开始降低。这就意味着,从基因上看,一些瑙鲁人特别容易患上糖尿病,一直处于死于糖尿病的明显的风险之中,所以,糖尿病易感基因仅仅在几十年内就因自然选择而减弱了。在瑙鲁,由于糖尿病致死而引起糖尿病易感基因的淘汰。假如这一诠释是正确的,那么据我所知,这是人类自然选择过程中最为迅速的代表性案例。

近些年来,中国和印度这两个国家逐渐富裕起来,人民的生活水平提高,食物摄入也随之发生了改变,结果导致这两个国家的糖尿病大爆发。几十年以前,对于这两个国家来说,糖尿病都是可以忽略不计的疾病。而今天，似乎中国和印度在相互竞争，看谁才是可以获得世界上拥有糖尿病患病人数最多国家的奖章——这两个国家患有糖尿病的人数都超过了5000万。但是，在这两个国家，患有糖尿病的社会群体的分布与美国和欧洲的分布相反。在美国、意大利以及其他欧洲国家，富裕的、受教育程度高的、居住在城市的人群中，患上糖尿病的人数少于贫穷的和受教育程度低的群体，因为富裕的、受教育程度高的、居住在城市的欧洲人和美国人已经知道暴饮暴食不利健康，而贫穷的欧洲人和美国人虽然有足够的钱用来购买不健康的、富含脂肪的食物，使体重变得超重，但他们却并没有得到健康饮食习惯的信息。相反，在印度——也许在中国亦是如此，富裕的人群能够支付得起大吃大喝，却还没有意识到暴饮暴食对于健康产生的后果，所以，他们毫无顾忌地大吃大喝，患上糖尿病。相反，贫穷的、没有受到良好教育的、居住在农村的印度人——或许也包括中国人，既没有获得健康饮食习惯的知识，同时也还没有足够的钱摄入过量的食物，所以，他们还没有出现糖尿病爆发现象。

在富裕的欧洲国家和美国，糖尿病患病率只有5%至9%，在冰岛只为2%。医生们曾经认为，对于世界各地的人来说，这一患病率应该是正常的。其实，这些医生们也非常了解欧洲之外一些国家的情况：在这些国家中，糖尿病患病率极其高，特别是瑙鲁岛民、北美的皮玛印第安人以及巴布亚新几内亚的瓦尼盖拉部落居民。但是在过去，人们相信，欧洲以外的人群中有那么高的糖尿病发病率是例外现象，必须给出解释；而欧洲人糖尿病发病率低是正常现象。我们现在知道，欧洲人的糖尿病低发病率才是例外，需要做出解释；而在世界各地，只要任何地方的人群在任何时间有条件大吃大喝，其结果必然导致糖尿病高发。今天，人们已经注意到，除欧洲以外，在世界上人口密集的各个地方，只要当人们能够花得起钱暴饮暴食的时候，人们就易于患上糖尿病，患病率在15%—30%，有些地方甚至更高。对于非洲人、美国土著人、太平洋岛屿居民、新几内亚人、澳大利亚原住民、东亚人、南亚人以及某些中东国家的人来说，这是事实。因此，关于糖尿病发病率问题，我们必须做出的回答并不是瑙鲁人、皮玛印第安人、澳大利亚原住民有什么不正常的，而是为什么欧洲人那么不同寻常。

为了回答这一问题，我们必须明白，为什么糖尿病现在变得这么普遍。二型糖尿病有一个遗传基础：如果有些人的基因使得他们易于患上二型糖尿病，他们在接受了西方生活方式之后，糖尿病患病率就会升高。但是，自然选择的进化方式往往会通过选择性地杀死带有这些基因的人而剔除这些有害的基因。毫无疑问，糖尿病是有害的。那么，为什么自然选择还没有将这些使我们易于患上糖尿病的遗传基因从我们人类基因库中剔除？

要理解这一悖论的答案，让我们先回想一下我们找到的类似悖论的答案，也就是人体对盐的保有与高血压病的关系。在传统的人类生活方式下，重要的是使体内保有食盐而不是摒弃食盐。在传统的生存条件下，有一类人群更容易存活下来，因为他们具有能够促进体内有效地保有盐分的基因。而在食盐的获取变得毫无限制且方便快捷的现代生存条件下，对于人类的健康来说，体内盐分保存能力则由有利因素变为不利因素。

在我看来，我们可以从相似的进化思考角度解释易于使我们患上糖尿病的基因进化。这些基因在我们体内设置程序，使我们有能力快速释放荷尔蒙胰岛素。荷尔蒙胰岛素能够让我们在摄入一次大餐后将任何过量的卡路里以脂肪的形式储存下来。传统的生活方式包括一个交替过程：很长一段时间的有限食物供应和偶尔发生的饥荒与极为少见的盛宴——犹如猎人成功地射杀了一头大象，或是农夫决定杀猪，搞一次猪肉大宴一样。在那些少有的食物丰盛的大餐上，那些具有足够能量将摄入的卡路里以脂肪的形式在体内存储下来的人群能够更好地度过随后出现的食物紧缺的时间而幸存下来。胰岛素

第六章 饮食、生活方式和健康

是荷尔蒙，能够让我们以脂肪的形式存储摄入的卡路里。也就是说，从传统角度来看，将摄入的食物转换为脂肪的能力曾经是有利的因素。只是到了现代，当西方的生活方式保证人类能够持续不断地得到足够的食物供应，犹如生活就像是永恒的猪肉大餐，那种将食物转换为脂肪存储下来的能力无疑转而成为不利因素，因为它导致我们积累脂肪，而我们已经对于在体内积累脂肪以备在必要的时候消耗这些脂肪不再有需求。较之于生活在欧洲的人群，那些处于传统生活方式区域的人群，其餐后释放的胰岛素相对较高。而现在，这些人群因其糖尿病易感性而为我们所熟知——瑙鲁人、皮玛印第安人、澳大利亚原住民以及非裔美国人。这一点有力地支持了我对这一问题的阐释。

这种阐释还留给我们一个问题需要回答：假如说所有欧洲以外的人群是正常的，而欧洲人是非正常的，那么，尽管欧洲人的生活就像是永不散席的猪肉大宴，为什么欧洲人是唯一在进化过程中变得胰岛素释放率较低，因而很少患上糖尿病的人群呢？我想，这一问题的答案与欧洲的食物供应历史相关。直到中世纪，历史记载清楚地表明，欧洲人曾经遭受频繁出现的饥荒，就像世界各地的人民在现代社会中依然遭受的饥荒一样。之后，世界上最早摆脱饥荒风险的就是欧洲人。史料显示，大范围和长时间的饥荒在欧洲和世界其他地方曾经司空见惯。可是后来，饥荒在欧洲消声灭迹了，先是大约17世纪末期在英国和荷兰，然后于19世纪末在意大利和其他地中海沿岸的欧洲国家。欧洲饥饿风险的消失得益于可靠的食物供应的发展，这是西方生活方式必不可少的基础。准确地说，可靠的食物供应最初是在西方成为现实。首先在欧洲实现可靠的食物供应，说起来有几个原因：有效的政府机构将贮存的谷物分发到发生饥荒的地区；海路和陆路这两种形式都能够畅通无阻地运输食物；从新大陆带回来的农作物——如源自墨西哥的玉米和西红柿现在已成为意大利人喜爱的食物——扩大了欧洲的农业基础；欧洲拥有稳定的雨水浇灌农业，而不像世界许多其他地方需要依赖灌溉农业。一些欧洲人的基因曾经因为拥有能够快速释放胰岛素的能力而幸免于饿死。但是，随着欧洲食物供应的稳定可靠，欧洲人不再需要抵御饥饿。那些能够快速释放胰岛素的欧洲人不再从自己的基因中获得优势，而是因此变得肥胖并患上糖尿病。我估计，在近几个世纪，欧洲人经历了一个流行糖尿病的阶段。尽管没有像前些年在瑙鲁发生的那么严重，但是这频发的糖尿病依然导致那些极易患上糖尿病的欧洲人死亡。

我一直都只在谈论两种会导致我们大多数人死亡的非传染性疾病：糖尿病和高血压所致的中风。其他与西方生活方式有关的非传染性疾病还有心脏病、动脉粥样硬化、外周血管疾病以及痛风。亦如我们对中风和糖尿病所做的探讨，针对其他几种非传染性疾病，我们也需要找出，西方生活方式的哪些特殊因素使我们易于患上哪些特殊的疾病。

最后，剩下一个很实际的问题：为了减少我们患上非传染性疾病的风险，我们应当做些什么？一个天真的回答是：接受传统的生活方式。但是，传统的生活方式还包括许多不利因素，诸如年纪轻轻就会死于传染性疾病，频繁发生饥荒，以及暴力致死的风险很高。很显然，这些都不是我们想接受的。其实，我们真正想接受的只是传统生活方式中那些会保护我们免于患上非传染性疾病的部分——诸如锻炼、食盐摄入量低、合理的饮食结构，以及不会变得体重超重。

我的一些朋友们抗议说：多么可怕的前景啊！我可不想把我的饮食降低到只吃饼干、喝白水的程度。我倒宁愿享受香醇的奶酪和葡萄酒，幸福地活到75岁就死去，而不是靠着饼干和白水打发日子，过着悲催的生活，一直熬到95岁！

但是，我们根本不需要在两极之间做出选择：一边是香醇的奶酪和葡萄酒，另一边则是饼干和白水。意大利人为我们提供了充满生活情趣的例子，证明人类可以吃着大餐依然能够保持健康。传统的意大利饮食富含橄榄油、鱼类和蔬菜，是典型的传统人类饮食。意大利人享受着世界上最伟大的烹饪传统之一。他们从不节俭到只吃饼干，只喝白水。他们就餐时从不狼吞虎咽，从不缺少相互交谈，这方面不像我们许多美国人那样。他们在饮食上舍得花费很长时间，相互交谈，结果，他们一餐下来，花的时间多，反而吃下的食物不多。在意大利，糖尿病患病率低于欧洲其他国家——尽管很遗憾，甚至意大利人饮食过量并且体重超重的情况也在增加！意大利人的生活就是最好的证据，人们可以尽情享受生活，而同时依然过着健康的生活。

第七章

一

世界面临的主要问题

这一章涉及的话题很简单，从狭义上说就是：在不久的将来，人类社会将面临哪些严峻的问题？

在这一章里，我将把注意力放在三组问题上。当然，在现今的世界上，除了我这里要讨论的这三组问题之外，还存在着其他的问题。但是我相信，你们大家都会同意我的观点，认为我将要讨论的这三组问题都是至关重要的问题。

我将要讨论的第一组问题当然是关于全球气候变化。到目前为止，绝大多数人都听说过全球气候变化。许多人认为他们明白这一问题。但是，全球气候变化的确是一个重要、复杂、令人困惑且被普遍误解的问题。它不只是单一的问题，而是一组相互关联且引起人们极大关注的问题。这组问题具有物理的、生物的以及社会的源头,并且会产生很大的社会后果。在未来的十年内,全球气候变化是塑造我们所有人的生活最为强大的力量之一。全球气候变化涉及复杂的因果链,因此,我现在就给你们做一个简短的介绍,以便帮助你们理解这个因果链。

理解这一问题的出发点是世界人口和人均人类影响力,也就是人均资源消费和每人制造的垃圾,这两个方面都在增加。

人类活动产生二氧化碳,并且主要是通过燃烧化石燃料,将二氧化碳排放到大气之中。另一个主要的温室气体是甲烷,现在看来远没有二氧化碳严重,但是从可能的反馈循环来看,就可能变得严重起来。这个循环包括,由于全球变暖,永久冻土融化,导致变暖加剧,释放出更多的甲烷,等等。

关于排放二氧化碳带来的主要影响,我们讨论最多的是其成为大气中的温室气体。说到温室气体,我的意思是,二氧化碳吸收地球上的红外辐射,进入太空,进而提高大气的温度。但是，二氧化碳还有其他两个主要影响。其中之一是，我们排放的二氧化碳不仅仅储存在大气中，还在海洋中储存。由此产生的碳酸增加海洋的酸度，现今的海洋酸度已经是1500万年以来最高的。海洋酸度的增加融化珊瑚贝壳，使得珊瑚礁受到致命伤害，而珊瑚礁是海洋鱼类的主要繁殖地，并且使热带和亚热带海岸线不受海浪和海啸的冲击。现在，全世界的珊瑚礁每年萎缩1%—2%，也就是说，世界上的珊瑚礁将在这个世纪全部消失。而这意味着，海产食品的数量会大幅度下降，热带沿海地区的安全将大幅降低。

我们排放的二氧化碳带来的另一个主要影响是，二氧化碳对于植物的生长起着直接作用，这个作用是可变的，既可以是积极作用，也可以是消极作用。

尽管如此，提到二氧化碳排放带来的后果，我们讨论最多的是大气温度升高。这就是我们说的全球变暖。但是，这一影响的确非常复杂，因此可以说，使用"全球变暖"这个词并不合适。首先，因果链的意思是，大气加热的结果导致一些地方令人费解地变得更冷而不是变得更热。其次，一方面是气候变暖的总趋势对人类生活产生重要的影响：暴风雨和洪水更加频繁地发生，极端最高温度变得更高，极端最低温度变得更低，造成的结果就是极端气候对人类的肆虐——诸如最近在埃及的降雪以及在美国的寒流。这使得一些不懂气候变化的美国政治家们认为，这些现象证明气候变化是不属实的。第三，由于海洋储存并缓慢释放二氧化碳存在巨大的时间滞后现象，其结果是，即使地球上所有的人一夜之间都死去或者都停止燃烧化石燃料，毫无疑问，大气还是会继续升温好几十年。最后一点，有些巨大的潜在的非线性放大器（non-linear amplifier）可能会促使世界以比现在快得多的速度变暖。这些放大器包括永久冻土融化以及南极洲大冰原和格陵兰岛的冰壳坍塌。

至于全球平均变暖趋势带来的后果，我将从四个方面来谈谈。对于生活在世界各地的许多人来说，最为明显的一点是：旱灾。例如，今年是我所在的洛杉矶这座城市自 19 世纪开始有天气记录历史以来最干旱的一年。干旱对于农业有害。全球气候变化导致旱灾。干旱区域在全世界的分布并不均匀。受影响最严重的地区是北美洲、地中海地区和中东地区、非洲、澳大利亚的南澳农作物种植区,以及喜马拉雅山脉。喜马拉雅山脉积雪为中国、越南、印度、巴基斯坦以及孟加拉国提供了大量的水。但是,这些国家在和平解决它们的争端方面却有着不尽人意的记录。

全球平均变暖趋势带来的第二个后果是,陆地上的粮食产量在降低。我刚刚谈到的干旱是其中的一个原因,而另一个原因却是令人费解的土地温度上升。粮食产量下降是一个值得重视的问题,因为世界人口数量处于持续增长的过程。在未来的几十年里,人口数量预计增长 50%,并且人类的生活水平也在持续提高。这样,世界范围的食品消费也随之增长。这的确是很糟糕的事情,因为眼下,我们人类已经出现了食品短缺的问题,数十亿人目前仍处于吃不饱的状态。

全球平均变暖趋势带来的第三个后果是，携带热带疾病的昆虫正在进入温带地区。到目前为止，一些由此产生的疾病问题有：新近到达意大利和法国的热带奇昆古亚热（tropical Chikungunya fever），新近在美国传播的登革热和扩散的蜱媒病（tick-borne disease），以及在世界蔓延开来的疟疾和病毒性脑炎。

关于全球平均变暖趋势带来的后果，我要谈的最后一点是海平面的上升。保守估计，本世纪平均海平面上升预期为 1 米。但是，以前曾经有过海平面上升 23 米的情况。当下主要的不确定性涉及南极洲大冰原和格陵兰岛的冰盖是否会坍塌。即便海平面平均上升只有 1 米，加上暴风雨和海潮等其他因素，世界各地许多人口稠密地区将都不再适合人类居住——如美国东部沿海的一些地方以及孟加拉国的低地地区。

我讨论气候变化问题的时候，常常会有人问我，气候变化对于人类社会正在产生的影响当中是否存在有利的影响。的确，气候变化对人类社会有一些有利的影响，比如在地球的最北部,随着北极海冰的融化,有望在地球遥远的北端开通无冰船运航道;在西伯利亚、加拿大和其他一些地区,小麦产量有可能增加。但是,对于人类社会来说,绝大多数影响都是极为不利的。

对于以上提到的这些气候变化问题,是否存在借助技术手段快速解决的可能性呢?你们也许听说过,有人建议实施地球工程,诸如向大气注入粒子,或者从大气中将二氧化碳提取出来,以此来给大气降温。但是,还没有任何地球工程手段得到过测试,并且被证明切实可行。设想的地球工程实施起来一定非常昂贵。任何此类方法肯定都需要花费很长的时间,并且会导致不可预见的副作用。产生的后果是,要是我们指望着地球工程计划在第11次试验中产生我们期望达到的理想效果,那么在此之前,我们可能不得不在试验中毁灭地球10次。这就是为什么大多数科学家都认为,地球工程实验具有致命的危险,所以应当被禁止。

所有这些意味着人类文明的未来毫无希望吗?我们

的孩子们命中注定要面对一个无法生存的世界吗？不是，当然不是。气候变化是人类活动所致，因此，我们能够通过减少这些人类活动来减缓气候变化。具体地说，减少燃烧化石燃料，并且从核能源和可再生能源中获取我们需要的能源。即使只有美国和中国在二氧化碳排放方面达成双边协议，也会覆盖目前二氧化碳排放量的41%。假如欧盟、印度和日本也加入，制定一个五方协议，那将会覆盖二氧化碳排放量的60%。主要的障碍只是政治意愿不足。

关于全球气候变化，我们应该提出哪些具体问题？有相当多的具体问题，它们包括：

- 在二氧化碳排放问题上，如何达成多边协议，或者世界性协议；
- 为了鼓励人民和国家减少二氧化碳排放而制定的不同形式的法律与规则——如碳排放税——都有哪些有利的和不利的影响；

- 世界不同地区农业生产率的预期变化;
- 世界不同地区疾病的预期变化;
- 如何养活在本世纪末地球上预期达到的90亿人口,而我们现在养活现有的70亿人口已经困难重重;
- 如何鼓励民众减少消费,减少生育数量;
- 如何应对可能日益加剧的气候变化,以及持续上升的海平面;
- 在减少能量消耗以及从化石燃料转换为可再生能源和核能源的前提下,如何维持生活水平。

以上谈论的就是在我看来世界上最重要的三组问题中的第一组。

我所认为的世界上三组最主要问题中的第二组问题是不平等。我所说的不平等包括国家之间的不平等和国家内部的不平等。

说到国家间的不平等,在世界各地,国家之间的财富和生活水平方面存在着巨大的差异。衡量国家财富的方式有两种：一种是看换算为购买力的人均收入，另一种是看人均国民生产总值。无论采用哪一种衡量方法，世界最为富裕的国家挪威都比诸如尼日尔、布隆迪和马拉维这样世界上最为贫穷的国家要富裕400倍。

国家间财富差异带来的结果是什么？在许多国家，大多数公民买不起或者得不到那些在我们美国人看来是生活必需品的东西。这些生活必需品包括足够的食物、洁净水、孩子的教育、工作技能培训、医药保健以及牙科保健。在许多国家，大多数人还买不起或者得不到那些奢侈的、不是生活必需品的东西，但是对于我们来说，那些东西却是缺之不可的——比如电视和电影。

在过去，富裕国家的人民私底下可能会有他们自己的想法，并且，他们偶尔也会把他们的想法大声说出来：是的，国家之间的贫富差距对于生活在贫穷国家的人民来说是可悲的。但是，他们的贫穷部分地或者主要地是他们自己的过错，因为他们懒惰，或者至少可以说是因为他们缺少基本的职业道德。再者,不管是不是他们自己的过错,他们的贫穷只是他们自己的问题,而不是我们的问题。他们的贫穷没有伤害到我们。

但是现在,在这个全球化的现代世界上,他们的贫穷已经不再仅仅是他们自己的问题了。他们的贫穷也变成了我们的问题。他们的贫穷的确伤害到了我们。现在,那些生活在边远贫困国家的人民——诸如阿富汗人和索马里人——通过多种渠道知道他们的生活中缺少什么。他们通过手机以及其他媒介获得信息。他们看到并且知道,欧洲人和美国人享受着比他们在贫穷国家要好得多的生活,得到更多的机遇。这使得贫穷国家的人民心生嫉妒、气愤,甚至感到绝望。

在全球化的世界上,当那些人群心生嫉妒、气愤或者感到绝望的时候,他们有许多方法——自觉地和不自觉地——让我们来分担他们的嫉妒、气愤和绝望。不自觉地并且不是刻意地,他们患上一些疾病。现代世界的全球化带来的一个结果是,富裕国家的公民们到贫穷国家旅游，把当地的疾病带回自己的国家。许多贫穷国家的公民们冲破层层障碍，来到富裕国家，这些从贫穷国家涌进来的人群带来的疾病在富裕国家迅速蔓延开来。众所周知的最为严重的例子就是艾滋病，艾滋病最早出现在非洲，而现在则已经蔓延到世界各地。其他从贫穷国家传播到富裕国家的疾病还有：猪流感、马堡病毒、埃博拉病毒、奇昆古亚热、登革热、霍乱和疟疾。

心生愤怒的贫穷国家的公民们并没有存心想让我们生病，他们身上携带的传染性疾病只是由于他们缺少应有的医药保障而造成的无意识结果。另外，这些人从贫穷的国家移民到富裕的国家，这的确是有意所为的行为，但并不是想要伤害我们。许多贫穷国家的政府正在努力改善其公民的生活状况，但是这些国家的公民们心里清楚，这些努力还要很多年才能产生效果——如果说真能够产生效果的话。贫穷的人民不想等上几十年，他们现在就想让他们自己和他们的孩子享受安全、健康的生活，拥有同等的机会，结果便出现了不可阻挡的移民潮。在美国，移民潮的主要来源是中美洲和南美洲，以及索马里、亚洲。在西欧，移民潮的主要来源是非洲、东欧和中东地区。

贫穷国家的人民移民到富裕的国家并不是有意要伤害我们。他们的动机只是要改善他们自己的境遇。非法移民们除了带来问题外，也带来了利益。但是，他们的确带来了各种各样的问题。这样，在美国、西欧、澳大利亚以及其他富裕国家，非法移民已经成为备受争议的问题。

话又说回来，这些贫穷国家的确有些人因为嫉妒、气愤或者深感绝望而做一些专门伤害我们的事情，其中之一就是成为恐怖分子，或者支持其他人成为恐怖分子。恐怖分子对我们构成了很大的威胁，带给我们很大的伤害。他们的恐怖行为包括驾驶飞机撞毁我们的楼房，在我们的火车站引爆炸弹以及在马拉松终点线放置炸弹；他们绑架并杀害旅行者和游客；他们劫持船只。

所有这些事情——疾病、移民以及恐怖主义——都是国家不平等的直接结果。疾病传播和移民潮从根本上来说是无法阻止的,而终结恐怖主义则是极其困难且要付出昂贵的代价。贫穷国家的人民会继续患上疾病,继续移民,并且继续成为恐怖分子或者支持恐怖分子,直到国家财富差异缩小。

除了国家之间的不平等之外,还存在国家内部的不平等。这在美国是一个很大的问题,也是一个正在扩大的问题:美国占人口1%的最为富有的群体所占财富的比率还在逐渐增长。相比于美国,欧洲国家的内部财富差异较小,但是依然还是一个问题。当富裕国家的公民们变得心生嫉妒、愤怒或者感到绝望,除了最终暴动之外,他们可能看不到一点出路。

我在洛杉矶生活了48年,这期间,这座城市中最贫困地区的人民发生了两次暴乱。你们可能听说过这两次暴乱的名字:瓦茨暴乱(Watts riots)以及罗德尼·金暴乱(Rodney King riots),或称洛杉矶暴乱(Los Angeles riots)。总体上说,这些暴乱主要集中在洛杉矶最贫困的地方。一些穷人伤害甚至杀害其他穷人,抢劫和烧毁其他穷人的商店。但是,在最近的罗德尼·金暴乱中,洛杉矶富人区的居民们——比如生活在贝佛利山庄的人们——有理由感到害怕,担心这些贫穷的暴乱者们不会只在贫穷地区发动骚乱,他们可能还会把骚乱带到富人区,抢劫和杀人。贝佛利山庄的警察们能做些什么来保护贝佛利山庄的公民们免受人数众多的暴民的伤害呢?

事实上,贝佛利山庄的警察所能做的事情非常有限。他们能做的事情无非是在贝佛利山庄的主要街道拉上黄色塑料警戒带,警告暴民们不要踏进贝佛利山庄里来闹事。很自然,假如暴民们真的想要冲进贝佛利山庄,黄色塑料警戒带是阻挡不住他们的。

幸运的是,罗德尼·金暴乱结束了,愤怒的暴民们并没有对富人区进行大规模的冲击,将他们的愤怒发泄在富人身上。但是,可以肯定地说,假如美国国内财富差距继续加大,必然会在洛杉矶以及美国其他城市引发更多的暴乱。假如这些情况发生，暴民们在暴乱期间，最终会冲过黄色塑料警戒带，将他们的愤怒发泄在美国富裕的人群身上。

由此，我把国家之间以及国家内部的不平等视作第二大最严重的世界问题。对于我们来说，期望30年后会有一个和平繁荣的世界，这是不可能的——甚至都不可能有一个和平繁荣的美国——除非我们能够缩小不平等。这些世界问题改变了对外援助的宗旨，也改变了在美国国内旨在缩小不平等的一系列项目的宗旨。对外援助以及那些为了缩小不平等而规划的项目曾经被认为是富裕国家和富人所做的高尚无私的慷慨行为。今天，它们不再只是慷慨行为。对外援助和缩小不平等的项目也是富人和富裕国家为了保持富裕以及和平生活而采取的自私的自助措施。

为了减少不平等问题，我们能做什么？

一个答案是：增加并改善富裕国家给予贫穷国家的对外援助项目，强化并改进国家内部的社会项目。这些项目是出于好意的，但是它们的结果常常是令人失望的。钱款被浪费掉了，贫穷和不平等依然存在。但是，迄今为止，我们已经进行了一些成功的对外援助项目，如以色列援助项目；并且在美国国内以及其他国家内部，也成功地进行了一些社会项目。我们还不很清楚，为什么一些出于好意的对外援助和社会项目成功了，为什么其他同样出于好意的项目却没有成功。

另一需要加大投资并加深了解的是公共健康项目。在公共健康上花费一点钱就能够产生巨大的利益。但是，可供公共健康项目使用的资金数额是有限的。哪些才是使用那笔有限的资金的最有效方法？例如，疟疾是热带贫穷国家最严重的两种传染性疾病之一。盖茨基金会（Gates Foundation）以及其他基金会和政府，在非洲设立了控制疟疾项目。一些在巴布亚新几内亚拥有油田的石油公司在巴布亚新几内亚设立了控制疟疾项目。但是，我们目前尚不清楚，怎么花这笔钱款才能够达到控制疟疾的最理想效果。应该将控制疟疾的钱款花在购买杀虫剂浸渍过的床帐上，以便人们能够睡在这种床帐之下？应该投资创办廉价的卫生健康诊所，用少量的资金培训卫生健康工作者——而不是花大价钱培训医生——来管理抗疟疾药品？是否应该在住房里喷洒杀虫剂？所有这些问题都需要我们更好地了解公共健康经济，以便对公共健康做出合理的决定。

还有另一个严重的问题，要求我们必须弄明白如何处理会更好，那就是移民问题。意大利、美国、澳大利亚以及其他一些富裕国家面临的问题是，如何解决非法移民试图乘船或者通过陆路入境。我们应该在船只靠岸之前拦截船只，以免船上的人踏上我们的国土，申请难民身份？我们应该采纳澳大利亚曾经尝试过的政策，将船上的人送到令人不快的拘留中心？那些远在阿富汗的准难民们听说过澳大利亚拘留中心的恶劣条件吗？他们听说过这些事情便会真的放弃移民的打算吗？在加利福尼亚，我们现在争论的问题是：我们是否应该让那些我们已经接收的非法移民们接受教育，让他们获得驾驶执照?我们是否应该自己放下架子接受他们进入到加利福尼亚社会之中?或者相反,我们是否应该拒绝他们得到驾驶执照,随后拒绝他们的孩子接受教育。也就是说,一旦非法移民成功到达意大利或者美国,我们应该如何处置他们?

我在这一章里要谈论的这三个方面问题的最后一组是:对于人类来说极为重要的环境资源管理。

环境资源对于人类是至关重要的,这里举一个例子:鱼类。欧洲人、美国人、日本人、中国人以及其他许多国家的人都喜欢吃鱼。一些鱼生长在水产养殖场。任何人想要得到这些水产养殖场里养殖的鱼,都必须向养殖场主付钱,购买养殖场主饲养的鱼。但是,野生鱼类并不属于任何人。野生鱼类是自然的产物。渔民打鱼不需要向自然付钱,人们可以免费捕捞野生鱼类。

此外,成年的野生鱼类繁殖和生产幼小的野生鱼类。只要野生鱼类的出生率高于被捕捞的比率,渔业就能够一直持续下去。渔业是我们称作可持续发展的产业。

假设一位外星来客从太空来拜访欧洲,他很快就会发现,欧洲人喜欢吃鱼。他还会发现,欧洲人建立了一个组织,叫欧洲联盟,致力于发展欧洲人民的共同利益。这位外星来客或许从太空生活中早已熟悉自然资源的可持续经营原则。这样,这位外星来客由此做出预测:可以肯定地说,欧洲渔业政策就是确保渔业可持续发展,因为只有这样,才能保障欧洲人民始终有足够的鱼肉摆上餐桌,并且鱼的价格不会上涨。

但是,最近几十年,欧洲的鱼价上涨幅度很大,因为,由于大量的捕捞,野生鱼类的存量已经到了崩溃点。例如,鳕鱼曾经数量巨大,价格便宜。但是现在,鳕鱼渔业已经崩溃了,鳕鱼价格不再低廉。为什么会出现这种情况?那是因为,确保欧洲渔业能够可持续发展并不是欧盟的政策。相反,欧盟斥资补贴过量的欧洲渔船,捕捞过量的鱼。这样做的后果是导致鱼价飙升。这种做法对于欧盟的公民不利。为什么欧盟要采取这种有害于自身的渔业管理政策?

谈到欧洲伤害自身的渔业管理,有一个具体的例子,涉及地中海蓝鳍金枪鱼。欧洲人喜欢吃这种鱼,日本人也喜欢吃,他们喜欢把这类鱼做成寿司吃。结果,地中海蓝鳍金枪鱼成了世界上最昂贵的鱼。目前,一条大个的地中海蓝鳍金枪鱼在日本寿司市场的卖价为130万欧元。这真是特别有价值的金枪鱼。但是,即使是一条普通大小的地中海蓝鳍金枪鱼的售价也要11 000欧元。看着地中海蓝鳍金枪鱼如此昂贵,那位天真的外星来客一定会预言:既然如此,地中海国家定会用心管理地中海蓝鳍金枪鱼的渔业,这样才不会产生渔业崩溃。事实上,地中海蓝鳍金枪鱼渔业已经由于过度捕捞而濒临崩溃。所以,按照当前的速度,它会在五年内崩溃。为什么地中海国家在犯着这种自杀式的错误?

总体来说,这些有关渔业的例子——特别是地中海蓝鳍金枪鱼渔业——是我提出的三组问题中的第三组也是最后一组问题的突出例子:可再生自然资源的管理。

可再生自然资源不仅包括渔业,还包括森林、土壤以及淡水。无论是在今天还是在从前,所有人类社会都依赖可再生自然资源,可再生自然资源为我们提供了最基本的生存保障,诸如食物、木材、纸张、农业和水。除了提供这些我们用来消费的东西之外,自然资源还为我们提供不是用来消费的东西,即生态体系服务。也就是说,生态体系从根本上为我们提供了干净的水而不是脏水,干净的空气而不是不洁的空气,肥沃的土壤而不是贫瘠的土壤。河里的水之所以健康,是因为有水生植物和微生物,以及生长在河流两岸的森林。自然界为我们提供了生态体系服务,净化我们的水和空气,保持我们的土壤肥沃。

关于这些无偿的生态体系服务的经济价值,我们来举一个例子:洁净水对于美国纽约城的经济价值。纽约市饮用水的主要来源是从附近叫做卡茨基尔山脉(Catskill Mountains)流出的溪水。但是,从卡茨基尔山脉流出的干净的水随着时间的流逝在逐渐减少,因为人们不停地砍伐卡茨基尔山脉的森林，而这些森林起到使纽约市饮用水保持洁净的作用。因而，纽约这座城市考虑建造一座净化水厂，来净化提供给纽约市的饮用水。但是，建造净化水厂一定会花费数十亿美元，还必须投入更多的资金用在每年的运营上。随后，有人想到了一个好主意：为什么不将钱支付给卡茨基尔山脉的土地拥有者以便他们不再去砍伐树木？研究结果证明，纽约市为买断卡茨基尔山脉的森林所有权而支出的费用比建造一座巨大的净化水厂要少。除此之外，净化水厂每年还要花费巨资来运营，而卡茨基尔山脉的森林会自己生长，并不需要纽约纳税人花钱。所以，纽约市决定把钱花在卡茨基尔山脉的森林上而不是花在建造一座净化水厂上。这件事说明，自然无偿地为我们提供生态体系服务，而人为保持这一体系却要花费巨资。

所以，出于利己主义的考虑，人类应该用心保护我们赖以生存的自然资源。但是，前面提到的地中海蓝鳍金枪鱼以及从更大的范围上谈论的欧盟渔业等例子告诉我们，人类很难做到可持续地使用自然资源。在世界各地，由于过度开发，渔业、森林、土壤、可用淡水以及其他可再生自然资源正在减少。历史上，许多社会的衰落与它们对赖以生存的自然资源管理不善不无关系。在那些以往衰落了的社会当中不乏一些在它们所处的那个地区最发达和最强大的社会，比如位于东南亚的高棉帝国以及位于墨西哥和危地马拉的玛雅文明。另有一些社会，尽管由于其他丰厚的自然资源而没有衰亡，但却由于过度开发其自然资源而在经济上受损。例如，古罗马时代的摩洛哥——信不信由你——曾经是建造罗马帝国所用的巨大原木的主要供应商。今天的摩洛哥在林业上已经不再位于世界前列，因为它从前的森林已经被砍伐殆尽。

森林、渔业以及其他自然资源过度开发问题经常被认为主要是人口问题。世界人口数量在增长。人口数量的增长意味着对鱼类、水以及土壤更多的消费。所以，许多美国人和欧洲人说：资源管理的世界性问题不应归因于我们美国和欧洲。相反,这些问题主要归因于那些人口增长率高的非洲、亚洲和拉丁美洲的贫穷国家。例如,在卢旺达这个极其贫穷的非洲国家,一个家庭里常常有八个孩子。结果,卢旺达的人口一直在增长。相反,意大利的出生率低下,假如没有移民,意大利的人口将会是在缩减。所以,人类资源管理的世界性问题主要是那些出生率高的贫穷国家造成的,而非我们这些出生率低的富裕国家。果真如此吗?

答案是:绝对不正确。我这么说的理由是,人口数量并不是控制资源消费率的唯一因素。相反,资源消费率是两个因子的乘积:一个国家的人口数量,乘以这个国家的人均资源消费——比如树木、石油或者金属。西欧、美国以及其他富裕国家的人均资源消费率是贫穷国家人均资源消费率的32倍。对世界资源构成的危险并不是来自那些1000万卢旺达人的人口增长率,而是来自我们3亿美国人和8亿欧洲人的消费率。因为欧洲人的资源消费平均比非洲人高出32倍以上,甚至意大利的

6000万人口，其消费率已经是10亿非洲人的总消费的两倍。

那我们需要哪些最新信息来解决可持续发展的资源管理问题呢？一个途径是，解决渔业和其他自然资源可持续发展方面的生物和物理问题。但是，资源管理的其他必要途径都涉及社会、政治和经济领域。

例如，为什么个人和国家都做出了无异于自杀的事情，什么样的社会机构、法律和政府政策会最有效地激励我们从我们自身利益的角度行事。这是社会科学研究的一个大的领域。2009年，经济学家埃莉诺·奥斯特罗姆（Elinor Ostrom）获得了诺贝尔奖。她一生致力于研究为什么一些以渔业、农业和畜牧业为主的社会可持续地使用它们的耕地、牲畜和鱼类，而另一些则不是如此。

为什么一些政府的掌权者所做的事情使得他们自己在短时间内致富，但从长远的角度来看，却违背了他们国家的利益，将他们的国家引向衰落？一个参考性的答案是，这一问题部分地源于相关国家的政治体制，因为掌权者不会马上因为谋取私利和所做的伤害国家的事情而受到惩罚。但是，我们不知道这一假设是否正确——我们需要找出答案。

在开始这一章的时候，我曾经说过，我要用简短的话语来谈论三组我们这个世界面对的最严重的问题。当然，关于这三组问题还有更多的讨论余地，远不止我用这一章内容所能够涉及的这些。此外，除了这三组问题，当然还有许多其他问题值得探讨。

但是，所有这三组问题都与这本书的所有读者息息相关。所有这三组问题都涉及社会的、政治的和经济的层面。所以，对于解决所有这三组问题，社会学家、政治家以及我们所有人都能够做出贡献。

延伸阅读

对于那些希望对我所涉及的主题有更多了解的读者，这里，我给大家就每一章的内容推荐一些书或文章。这些参考材料并不是有关这些主题的全部资料。然而，它们能够帮助有兴趣的读者找到与每一章主题相关的更多信息，更多参考书目，以及我涉及的图书和文章的细节内容。

前言

Jared Diamond and James Robinson. *Natural Experiments of History* (Harvard University Press, Cambridge, Massachusetts, USA, 2010).

第一章和第二章

1. Daron Acemoglu, Simon Johnson, and James Robinson.

"Reversals of fortune: geography and institutions in the making of the modern world income distribution." *Quarterly Journal of Economics*, volume 117, pages 1231-1294 (2002).

Daron Acemoglu and James Robinson. *Why Nations Fail* (Crown, New York, 2012).

Areendam Chanda, C. Justin Cook, and Louis Putterman. "Persistenc of fortune: accounting for population movements, there was no post-Columbian reversal." *American Economics Journal:Macroeconomics*, volume 6, pages 1-28 (2014).

Jared Diamond. *Guns, Germs, and Steel: The Fates of Human Societies* (Norton, New York, 1997).

Douglas Hibbs, Jr. and Ola Olsson. "Geography, biogeography, and why some countries are rich and others are poor." *Proceedings of National Academy of Sciences USA*, volume 101, pages 3715-3720 (2004).

Michael Ross. *The Oil Curse* (Princeton University

Press, Princeton, 2012).

第三章

Jared Diamond. *Guns, Germs, and Steel* cited above, Chapter 16.

2.Jared Diamond.*Collapse*: *How Societies Choose to Failor Succeed* (Viking Penguin,New York, 2005), Chapter 12.

Jianguo Liu and Jared Diamond. "China's place in the world." *Nature*, volume 435,pages 1179-1186 (2005).

Ian Morris. *Why the West Rules—for Now* (Farrar, Strausand Giroux, New York, 2010).

第四章

Howard Steven Friedman. *The Measure of a Nation.* (Prometheus, Amherst, New York, 2012).

Erich Lindemann. "The symptomatology and management

of acute grief." *American Journal of Psychiatry*, volume 101, pages 141-148 (1944).

第五章

Jared Diamond. *The World until Yesterday* (Viking Penguin, New York, 2013), Chapters 7 and 8.

Paul Slovic. "Perception of risks." *Science*, volume 236, pages 280-285 (1987).

Chauncey Starr. "Social benefit vs. technological risks: what is our society willing to pay for safety?" *Science*, volume 165, pages 1232-1238 (1969).

第六章

Derek Denton. *The Hunger for Salt* (Springer, Heidelberg, 1982).

Jared Diamond. *The World until Yesterday* (cited above), Chapter 11.

S. Boyd Eaton, Marjorie Shostak, and Melvin Konner. *The Paleolithic Prescription: a Program of Diet and Exercise and a Design for Living* (Harper and Row, New York, 1988).

Graham MacGregor and Hughde Wardener. *Salt, Diet, and Health: Neptune's Poisoned Chalice: the Origins of High Blood Pressure* (Cambridge University Press, Cambridge, UK, 1998).

H. Rubinstein and Paul Zimmet. *Phosphate, Wealth, and Health in Nauru: a Study of Lifestyle Change* (Vrolga, Gundaroo, Australia, 1993).

J. Shaw, R. Sicree, and Paul Zimmet. "Global estimates of the prevalence of diabetes for 2010 and 2030." *Diabetes Research and Clinical Practice*, volume 87, pages 4-14 (2010).

第七章

Jared Diamond. *Collapse: How Societies Choose to*

Fail or Succeed. (cited above).

Paul Ehrlich and Anne Ehrlich. *One with Nineveh: Politics, Consumption, and the Human Future* (Island Press, Washington DC, 2004).

Thomas Piketty and Arthur Goldhammer. *Capital in the 21st century* (Harvard University Press, Cambridge, Massachusetts, USA, 2014).

Jeffrey Sachs. *The End of Poverty* (Penguin, New York, 2005) .

The World Bank. *Turn Down the Heat: Why a 4℃ Warmer World Must Be Avoided* (World Bank, Washington DC, 2012).

图书在版编目（CIP）数据

为什么有的国家富裕，有的国家贫穷/（美）贾雷德·戴蒙德著；栾奇译.--北京：中信出版社，2017.10（2024.11重印）

书名原文：Comparing Human Societies: A Small Book on Big Themes

ISBN 978-7-5086-7331-8

I.①为… II.①贾… ②栾… III.①国家－发展－研究 IV.①D031

中国版本图书馆 CIP 数据核字 (2017) 第 042048 号

Comparing Human Societies: A Small Book on Big Themes by Jared Diamond
Copyright© 2017 by Jared Diamond
Simplified Chinese translation copyright ©2017 by CITIC Press Corporation
ALL RIGHTS RESERVED
本书仅限于中国大陆地区发行销售

为什么有的国家富裕，有的国家贫穷

著　者：[美]贾雷德·戴蒙德
译　者：栾奇
出版发行：中信出版集团股份有限公司
　　　　（北京市朝阳区东三环北路 27 号嘉铭中心　邮编　100020）
承　印　者：三河市中晟雅豪印务有限公司

开　　本：880mm×1230mm　1/32	印　　张：7	字　　数：90 千字
版　　次：2017 年 10 月第 1 版	印　　次：2024 年 11 月第 12 次印刷	

京权图字：01-2017-4015
书　　号：ISBN 978-7-5086-7331-8
定　　价：38.00 元

版权所有·侵权必究
如有印刷、装订问题，本公司负责调换。
服务热线：400-600-8099
投稿邮箱：author@citicpub.com